Heiner Müller

Von O bis O in Mexiko

vom besseren Leben am Palmenstrand

**Die Deutsche Nationalbibliothek verzeichnet dese
Publikation in der Deutschen Nationalbibliografie,
detaillierte bibliografische Daten sind im Internet
über http://dnb.dnb.de abrufbar**

© 2014 Heiner Müller

**Herstellung und Verlag:
BoD – Books on Demand, Norderstedt**

ISBN 9-783735-739940

Inhalt

Vorwort.

Echten Erfolg im Leben hat nur, wer seinen eigenen Zielen näher kommt.

Worin diese im Einzelfall allerdings bestehen, wird sehr von den jeweiligen Charaktereigenschaften mitbestimmt. Denn jeder stellt zum einen ganz eigene Ansprüche an seine Umgebung und verfügt zum anderen über einen individuell unterschiedlich stark ausgeprägten Gestaltungsdrang. Idealerweise sollte man aber schon den Raum zur Entfaltung seiner Wesenszüge vorfinden und ihn auch ausfüllen können.

Manchmal geht das aber eben nicht: Grundlegende Eigenschaften wie Risikobereitschaft und Tatkraft sind in den Genen bereits weitgehend vorgegeben, wie vergleichende Untersuchungen an getrennt aufgewachsenen, eineiigen Zwillingen aufzeigten. Diese Eigenarten sind auch nicht zufällig verteilt, sondern von den Eltern vererbte Vorfestlegungen. In einer gewachsenen Gesellschaft sollte da schon eine - allen Anforderungen und den Bedürfnissen aller gerecht werdende - harmonische Verteilung der Charaktere entstehen, in der jeder seinen Platz finden kann.

Deutschland musste aber im Laufe seiner Geschichte einige Auswanderungswellen, vor allem auch vor und nach den Weltkriegen, hinnehmen. Diese Ströme repräsentierten dabei keinen Querschnitt durch alle Wesensarten, stattdessen bestanden sie vornehmlich aus den Entschlussfreudigeren und dem Risiko eher zugewandten, die ihre Lebensplanung und Ziele künftig an besseren Orten zu verwirklichen hofften.

Zurück blieb eine gesellschaftliche Zusammensetzung die verstärkt die pure Existenzsicherung zum Ideal erhob. Einem ausgeprägten Sicherheitsbedürfnis, dem übersteigerten Streben nach Stabilität mit inniger Ablehnung jeder Tendenz zur Utopie, hielt nun kein gesundes Gegengewicht an Visionären, Kulturschaffenden und gesellschaftlichen Vordenkern mehr die Waage. Der nunmehr rar gewordene Unternehmergeist sieht sich im feinmaschigen Netz der alles regelnden Bürokratie gefangen und registriert darin eine, schon den Keim abtötende, Prophylaxe gegen jede Veränderung.

Eine Stimmung von zäher Beharrung weht nicht nur - aber vor allem - durch deutsche Amtsstuben und ein aktiver und kreativer Mensch muss sich dabei langsam fragen, ob es in diesem Land nur noch Platz für sozialvernetzte Lifestyle-Marionetten gibt. Der beherrschende Glaube an die Überlegenheit der etablierten Konsumentengesellschaft nimmt trotz der offensichtlichen Mängel fast fanatische Züge an und die Behinderung alternativer Lebensplanungen lässt missionarischen Eifer vermuten. Der normative Anspruch reicht bis ins Private und wird damit total.

Ein Beispiel. Ein vornehmlich nach deutschen Bedürfnissen ausgerichtetes all inklusive Urlaubs-Ressort wurde meiner Frau und mir als ein Ort annonciert an dem es sich trefflich entspannen ließe und wir unsere Seelen würden baumeln lassen können.

Dieser naturverwöhnte Ort war grauenhaft. So stellten wir uns das Konditionierungscamp einer üblen Sekte vor. Eine Art Hirnwäsche fand im Programmablauf von Schlafen, Essen, netten Spielchen, Sonnenbaden, Flanieren, wieder Essen und Schlafen statt. Dann wurden den antriebsarmen Eventkonsumenten auch noch die letzten individuellen Regungen von der Animation nivelliert, um sie nach ein, zwei Wochen auf dem Abflugsteig der Air-Busse zu entsorgen, wo die nächste Schicht zur Bespaßung bereits angetreten war.

Und das alles nur zum Abschalten? Wovon denn nur? Wo doch schon Zuhause jeglicher Sensibilisierungsinput auf Dauer-AUS steht. Gibt es da überhaupt noch ein Entrinnen?

Führt so ein Scheuklappen(privat?)leben nicht zwangsläufig zum sinnentleerten Dahinvegetieren und damit zur persönlichen Katastrophe?

Diese und ähnliche Fragen stellten wir uns über eine geraume Zeit und fanden letztlich nur in einem Aussteigerdasein die geeignete Lösung. Ganz entgegen üblicher Auffassung erkennen wir uns dabei nicht als träge Gammler sondern erleben die Welt aktiv und aus neuem Blickwinkel zunehmend inspirierend und erfüllend. Dazu ist aber ungleich mehr Eigenverantwortung nötig denn ein einfaches Mitschwimmen in der trüben Gemeinschaft. Allerdings führen gerade hier nicht alle Versuche zum Erfolg und ein planloses sich-treiben-lassen ganz sicher zum Desaster.

Ein erfolgreiches Aussteigen macht eine genaue Planung nötig. Vergleichbar am ehesten mit dem Sprung in eine selbständige Erwerb-Existenz, was es im Grunde ja auch ist. Nichts ist wohl wirklich vollkommen und so ist auch zu erwarten, dass ein neu erfundenes Leben einige Mängel und Kinderkrankheiten aufweist. Wenn ich aber insgesamt meine Lebensfreude steigern kann, war es die Mühe wert. Aufwändig ist so ein Aussteigen schon, aber allemal besser als diese Schiene, die zu Nichts als zur Unzufriedenheit führt. Das habe ich lange hinter mir gelassen und bin mir mit meiner Frau darüber einig wohin es geht. Und dieser Weg ist meine Geschichte.

Teil 1, PIXEL

Ich erinnere mich detailgenau an die ersten Tage im Januar 1998, weil sich da mein Blick in die Welt so veränderte, als hätte ich mich bisher rückwärts gehend fortbewegt und mich nun vorsichtig umgesehen und zaghaft umgedreht.

Wir, das sind meine Frau Gabriela und ich, paddelten von unserem Ankerplatz östlich von Alice Town, Bimini, die knapp 50 m bis zur Stützmauer am Ufer. Wie in den letzten Tagen legten wir unser Dingi an den Rand der knapp 4 km langen Inselstrasse, gegenüber dem Verwaltungsgebäude der kleinen Ortschaft, ab. Ich musste es zusätzlich an einer vertrockneten Wurzel festbinden, weil seit Silvester ein Wind aus Nordost ziemlich heftig blies. Ein kleines Hoch vor der Küste von Georgia und nördlich der Bahamas verstärkte hier den Passatwind auf 25 Knoten. Wenn der Wind nicht gar so kräftig gewesen wäre, hätte er uns geradewegs vom Rande der Bahamas nach Miami, Florida, pusten können, wohin wir auch wollten. Aber in dieser Meerenge, von nur 55 sm Breite, herrschte der Golfstrom. Durch die schmale Rinne zwischen der flachen Great-Bahama-Bank und Florida quetschten sich jede Sekunde 70 Mio. Kubikmeter Wasser und erzeugte bei diesem schräg dazu laufenden Gegenwind ein Wasserwaschbrett das so ein kleines Segelboot wie unsere PIXEL hätte leicht aufrebbeln können. So saßen wir hier fest, nur 3 sm nördlich der Insel Cat-Cay und der Stelle wo wir ein halbes Jahr zuvor, aus der Gegenrichtung kommend, einklarierten. Die bewilligten 180 Tage Aufenthaltserlaubnis, wie aus unseren Einreisedokumenten zu entnehmen, waren eigentlich bereits verstrichen. Bei großzügiger Auslegung konnte man darunter zwar auch einfach sechs Monate verstehen, die allerdings in den nächsten Tagen auch vorüber sein würden. Ein unangenehmer Gedanke nicht wegen des illegalen Aufenthalts hier, sondern der Befürchtungen über sondern der Befürchtungen über einen schlechten Eindruck bei den US-Behörden, wo wir uns nach erfolgter Passage würden anmelden müssen. Diese täten sicher einen sehr genauen Blick auf unsere Unterlagen werfen, so wie wir zwischenzeitlich auf Normalos wirken mussten. Wie sollten wir ihnen denn auch unsere innere Metamorphose erklären?

Trotz aller Bedenken über mutmaßliche Konsequenzen zum Abwarten verurteilt, wandten wir uns wie schon die letzten Tage gleich nach dem Frühstück unserer Lieblingsbeschäftigung zu: Dem Pelikanfüttern.

Angelruten waren auf allen Bootsstegen nicht erlaubt, so trugen wir ein paar Meter Angelschnur mit Haken und gelben Gummiködern versteckt in der Hand. Die Stege der Marinas waren öffentlich zugänglich und ragten von Land aus in die geschützte Bay, in der auch etwa 300 m nördlich unsere PIXEL ankerte. In dem Wasser, das so Gin-clear war, wie die Amis gerne schwärmten, blitzten die Schuppen der Yellowtail-Jacks auf, die eifrig um die Pfosten der Stege flitzten. Schon gut handgroß geworden jagten sie jetzt meist unerreichbar tief für die Pelikane, die ihnen von den Stegpfosten aus nachspähten. Die kleineren Fische, die sonst näher an der Oberfläche schwimmen, fehlen im Winter und so entschied es der Zufall vielleicht doch noch einen Unachtsamen zu erwischen, über das Leben oder den Hungertod der Pelis. Viele Stege waren von den letzten tropischen Stürmen beschädigt. Schief eingedrückt, mit angebrochenen Pfosten und ausgerissenen Bohlen, konnte kein Boot mehr daran festmachen und die müde lauernden Pelikane hatten sie für sich alleine. Die traurig-schöne Szene war für uns unwiderstehlich anziehend und wir setzten uns auf den Steg und ließen die Haken zwischen den baumelnden Füssen ins Wasser. Jigging, nennt man die Zupfbewegung, mit der man den Haken rhythmisch hochzieht, um ihn dann wieder absinken zu lassen.

10

Seit Jahrtausenden taten das die Menschen und die Fische hatten es bisher nicht gelernt, nicht mehr darauf hereinzufallen. Kaum zischte die gespannte Schnur kreuz und quer durchs Wasser, waren die eben noch trägen und teilnahmslosen Pelis zu nervös zitternden Gierhälsen verwandelt. Sie tappten aufgeregt mit ihren Lappenfüßen auf der Stelle und stießen mit langen Schnäbeln vor, wenn ich ein Fischchen in die Gruppe warf. Als wollte er seinen Erfolg damit anzeigen, reckte sich ein Schnabel aus dem wilden Knäuel ganz lang hoch und schluckte heftig an dem Bissen. Als hätten sie auf dieses Zeichen gewartet, watschelten die Enttäuschten sofort einige Schritte auseinander. Die lautlose Ruhe dabei war für uns schlimmer, als hätten sie geseufzt. Schwer sich da zu merken wer schon einen abbekommen hatte. So blieben wir auf jeden Fall bis wir sicher waren, dass alle Bäuche unserer geduldig dreinschauenden Familie zumindest etwas gefüllt waren, was meist bis zum Nachmittag dauerte. In diesen Tagen besprachen Gabriela und ich unser bisheriges Leben und wenn wir manchmal einen größeren Fisch erwischten, war unser Dinner auch gesichert. Nie wollten wir noch anders leben.

Und mit der erstmaligen Kreuzung unseres Weges sahen wir uns selbst in Erinnerung aufs Meer hinausschauen, als wenn wir unser vergangenes halbes Jahr eben noch vor uns hätten. Das Blaugrün des Meeres und das Blauweiß des Himmels traten in den zarten Hintergrund eines darüber gelegten Gemäldes aus kaum bewältigten Erlebnissen. Was früher nur leere Hoffnung im Blick auf den Horizont war, wurde an derselben Aussicht zur übererfüllten Gewissheit mit der Zuversicht auf weitere reiche Ernten für den Lebensspeicher. Wir versicherten es uns gegenseitig: Beide wünschten wir uns nur noch, in immer weiteren solchen Schleifen, ein Leben lang umher zu ziehen.

Wir waren endlich angekommen.

Bis dahin hatte ich eigentlich noch eine Menge weiterer Ziele und Vorhaben, aus denen sich dann abermals andere ergeben sollten. Stattdessen brachte uns unsere Reise zu einem Ausgangspunkt zurück und das vermeintlich ohne echte Resultate. Das Wichtigste aber hatte ich dabei beinahe übersehen. Dieses neue Gefühl und die bedeutende Einsicht: Ich muss überhaupt nichts erreichen, gehe wohin ich will und bin bereits am Ziel.

Ich war zum Aussteiger geworden, lange nachdem ich einen Entschluss dafür fasste, und um zu erzählen wie es dazu kam, muss ich etwas weiter ausholen:

Geboren bin ich 1956 in Ludwigshafen am Rhein und wuchs in einem nahe gelegenen Dorf auf. Die Freizeiten verbrachten meine Eltern über Sommer mit meinen Geschwistern und mir an den alten Stromarmen des begradigten Rheins. Vor allem in den Ferien zog es uns ans Wasser der Mittelmeer- und Atlantik-Küsten von Frankreich, Portugal und meist Spanien. Leben und das Naturerlebnis an einem Ufer wurden für mich untrennbar.

Nebenbei ging ich auch zur Schule und dem Abi folgte eine Augenoptikerlehre - damit man etwas hat - und danach ein Maschinenbaustudium in Kaiserslautern. Vor der Bundeswehr konnte ich mich erfolgreich drücken und auch den anderen normalen Alltagszwängen wollte ich dadurch entgehen, dass ich selbständig wurde und einen Hightech-Ökoladen gründete.

Gabriela ließ ihrem Abitur eine Parkettlegerlehre folgen, weil ihr Vater Inhaber eines Fußbodenlegerbetriebes war. Danach studierte sie Architektur in Kaiserslautern, wo wir uns kennen lernten. Wir führten unser Ladengeschäft gemeinsam und heirateten 1994 nicht nur aus Steuergründen. Zwischenzeitlich teilte sie auch meine Leidenschaften fürs Segeln und Windsurfen. Technik war für mich immer nur Mittel zum Zweck und neben meinem Interesse für

Biologie und Meteorologie war es das Reisen was mir die meiste Freude bereitete, auch weil es bei Gabriela dieselbe Begeisterung wecken konnte.

Bis dahin schien eigentlich alles Bestens geregelt um den Rest des Lebens genüsslich abzuspulen, wenn sich da nicht eine Unzufriedenheit breitgemacht hätte, die zunächst von ein paar unwesentlich erscheinenden Umständen herrührte.

Als Freier Unternehmer sah ich mich immer mehr eingekeilt zwischen Ordnungsamt, Eichamt, Zollamt, Finanzamt, Banken und Versicherungen. Das verursachte einen Aufwand den ich nicht delegieren konnte und mir zunehmend die Zeit für die Dinge stahl, die mir in der Arbeit Freude machten. Der Spielraum als Selbständiger war begrenzter als anfänglich angenommen. Dauernd stieß ich auf neue bürokratische Hürden. Man musste wohl Jurist sein um nicht ständig unwissendlich gegen Gesetze zu verstoßen. Früher wurden doch Kleinbetriebe meist von geschickten Handwerkern oder Ingenieuren geführt, die neuen Inhaber waren jetzt aber vermehrt Anwälte oder Makler.

Auch in der Freizeit spürte ich engere Schranken. Als mein bisher favorisierter Ausgleich für den Berufalltag schied das Windsurfen künftig aus, weil entweder die geeigneten Seen der Umgebung dafür gesperrt wurden, oder der Weg zur Küste übers Wochenende viel zu weit war. Das Erste meiner beiden Hobbys war mir damit schon genommen. Meine Bereitschaft mit dem entstehenden Frust weiterzuleben, endete allerdings an dem Tag als an unserem Altrhein das Ankerliegen von Sportbooten zum Zwecke der Übernachtung verboten wurde. Neben den vielen kleinen Ärgernissen die mir im täglichen Leben im Umgang mit Kunden, Lieferanten und vor allem Behörden die Laune vermiesten, kam damit der finale Anschlag auf meine Lebensfreude. Diese höchst unnötige und überflüssige Verfügung schränkte die Ausübung meines einzigen, verbliebenen Hobbys so ein, dass ich künftig keinen Spaß mehr daran haben konnte.

Im Klartext bedeutete dies nämlich, dass künftig alle Boote über Nacht in ihre Häfen zurück mussten. Der Hauptgrund aber, weswegen man sich so etwas mit nicht unerheblichem Zeit- und Kostenaufwand unterhält, ist doch der, dass es sich damit ein wenig Abstand – im eigentlichen Sinne - gewinnen lässt. Ohne die Belästigung neugieriger Mitmenschen, einfach nur vom Boot aus beim Frühstück die Enten füttern, oder ohne Zwänge und Alltagsprobleme nur mal auszuspannen. Wo war das denn sonst noch möglich? Sollte ich mich in Zukunft nur noch hinter herunter gelassenen Rollläden zurückziehen können?

Mir wurde bewusst, dass jederzeit weitere, willkürliche Beschränkungen meinen Spielraum noch mehr einengen konnten und sah mich dieser klaren Tendenz hilflos ausgeliefert. Mein Toleranzbereich, mich mit diesem strangulierenden System zu arrangieren, war ausgeschöpft. Meine letzten Freiräume schrumpften zusehends und reichten zur rechtmäßigen Entfaltung meiner Individualität nicht mehr aus. Meine Bescheidenheit ging aber nicht soweit, dass ich jede weitere Eingrenzung einfach so hinnahm um im verbliebenen Rest zu verkümmern. Ich wusste immer, was ich nicht wollte und hielt es mir auch fern. Aber allein diese Abwehr kostete jetzt schon zuviel Kraft. Die Zwänge nahmen trotzdem zu und umso mehr ich weitere Verpflichtungen nur deswegen einging um dafür ein wenig zusätzlichen Platz zum geringfügig komfortableren Überleben einzuhandeln. Übervorteilt, und weit davon entfernt meinen echten Bedürfnissen nachzukommen, kam ich letztlich zu meinem Resultat. Wie ein Esel der hinter einer vorgehaltenen Karotte herläuft, oder noch schlimmer: Ich mag gar keine Karotten.

Meine Frau Gabriela und ich begannen mit der Analyse unserer Situation und der Möglichkeiten für unsere Zukunft. Im Ergebnis kündigten wir die Mitarbeit an unserem Lebensabschnitts-Staat (LaSt) auf.

Die Analyse.

Ein Jeder wird in eine Welt geboren in der bereits alles verteilt ist. Und weil diese Verteilung auch niemals gerecht war, wird es auch nicht weniger unfair wenn das kodifizierte Recht es nachträglich zu rechtfertigen sucht. Damit ist der Kampf unserer Vorfahren gegen die Unbillen der Natur, dem Verdrängungskampf gegen den Mitmensch gewichen. Mein Freiraum läuft immer auf eine Einschränkung anderer hinaus, und bei noch mehr Konkurrenz wird es insgesamt enger. Es ist nicht mehr wie zu Zeiten der Oklahoma-Sooners, jenen Pionieren die sich einfach ein Stück Land abstecken konnten das sie künftig ernähren sollte. Bei sieben Milliarden Menschen geht es heute nur noch darum allen Anderen das abzujagen was man für sich selbst braucht. Im heutigen Verdrängungswettbewerb ist es jedenfalls erfolgsträchtiger eher in der Jurisprudenz bewandert zu sein, als vergleichsweise in den Naturwissenschaften. In der urbanen Gesellschaft ist derjenige im Vorteil der die Feinheiten der gesetzmäßigen Übervorteilung beherrscht, will damit sagen, den Rahmen des Erlaubten auszunutzen weis. Wer kein Massenmensch ist, der das Bad in der Menge liebt und dem keine Disco voll genug sein kann, und wer sein Selbstwertgefühl nicht ausschließlich von der Wertschätzung seiner Mitmenschen abhängig macht, kurzum, wem Streben nach Anerkennung und die Meinungen der Anderen nicht das Allerwichtigste sind, lebt in der zivilisierten Welt mit hohem Konfliktpotential. Massenhafte Gleichförmigkeit ist

Voraussetzung und Resultat für ein harmonisches Zusammenleben im überfüllten Gehege. Die Anbiederung geht schon so weit, dass selbst Privates und Intimstes gesellschaftlichen Normen und Schablonen genügen muss. Wohnungseinrichtungen, Haartrachten, Haustiere und sogar die Vornamen der Kinder sind alle gleich und müssen „in" sein. Selbst die Vorgärten sehen aus wie die Parkplätze vor Supermärkten und Mode nennt man die Kapitulation des eigenen Geschmacks vor dem Zeitgeist. Glaubt mir: Das Selbstbewusstsein braucht weder Applaus noch Anerkennung - diese nährt nur einen hohlen Stolz!

Die Natur gibt sich die größte Mühe zur Vielfalt und der Massenmensch ist erst dann zufrieden, wenn er sich mit seinesgleichen in unterschiedslosem Einerlei erlebt und daraus Zustimmung zu all seinen Scheinbedürfnissen schöpft. Anpassung bis zum geistigen Klon.

Wenn jeder Weltbürger die identischen Ideen, Träume und Werte besitzt, ist die Packungsdichte vielleicht sogar noch zu erhöhen und die Entwicklungsgeschichte endet in allüberstrahlender Erfüllung: Dem milliardenfach identischen Homo consumens in Batteriehaltung!

Nicht, das der Eindruck entsteht, ich hätte etwas gegen 7 Milliarden Menschen - nur, warum alle gleichzeitig? Könnte man sie nicht auf 1.000 oder 10.000 Jahre verteilen? Oder haben wir's irgendwie eilig?

Für Gabriela und mich war es jedenfalls zu eng geworden und wir begannen uns Alternativen zu überlegen.

Kaum wirklich überraschend ist die Erde nicht überall gleich dicht besiedelt, sondern sogar recht ungleichmäßig. Um das Jahr 2000, ungefähr 750 Millionen allein in dem winzigen Europa. Ebensoviel wie in ganz Afrika, oder sogar auf dem gesamten amerikanischen Doppelkontinent. Genau genommen lebt etwa die Hälfte der Weltbevölkerung bereits in den Gebieten Europa, Indien und China allein. Die Überbevölkerung in Europa ist dabei allerdings besonders belastend, weil ein Europäer einen 20fach höheren Ressourcenverbrauch und die damit zusammenhängende Umweltschädigung verursacht, wie vergleichsweise ein Inder.

Die stürmische Entwicklung in Südost-Asien und in Indien wird allerdings diese Situation in Zukunft angleichen und damit für die Erde allgemein nicht gerade verbessern. Von den drei Ballungsgebieten China, Indien und Europa abgesehen, aber der Vollständigkeit halber nicht verschwiegen, existieren auf der Welt noch weitere Bevölkerungshotspots: Das Niltal und die US-Ostküste, in dieser Gewichtung aber eher nachrangig, ebenso die vereinzelten Megastädte sonstiger Entwicklungsländer.

Wir können aber erwarten, dass wenn die Gebiete um Indien und Südost-Asien in Zukunft mit Europa, in Sachen Entwicklungsstand und Grad der Vernetzung, gleichziehen, wir uns alle im wahrsten Sinne warm anziehen müssen. Falls dort dieselbe konsumorientierte und -abhängige Mainstream-Society entsteht, hält das Erdöl nämlich nicht mehr lange. Wenn wir schlussendlich noch berücksichtigen, dass Europa nicht einmal ein eigenständiger Kontinent ist - eher eine Art Wurmfortsatz Asiens - und damit grenzübergreifend zwei Drittel der Weltbevölkerung beheimatet, ist leicht einzusehen, dass wir in den hiesigen westasiatischen Provinzen in Zukunft keine Verbesserung unserer Lebensumstände erwarten durften. Grundsätzlich wurde uns klar, dass wir uns eine neue Heimat werden suchen müssen und die wohl eher in den entlegeneren Teilen der Welt.

Die Vorbereitung.

Wir begannen damit die Voraussetzungen dafür zu schaffen. Als Erstes suchten und fanden wir einen Käufer für unser Ladengeschäft. Das war ein deutlicher Einschnitt, hatte sich doch seit Jahren so viel um unsere Firma gedreht. Man kann sich sicher vorstellen, dass ich es in den Monaten danach vermied in den Bereich der Fußgängerzone zu gehen, in dem sich unser Laden befand. Auch deshalb kündigten wir schnell unsere schöne Wohnung mit Parkettfußboden und Balkon im Stadtzentrum. Somit waren wir Erwerbs-, und bald auch Obdachlos.

Eine der Grundvoraussetzungen zum Aussteigen ist die Minimierung sämtlicher Ausgaben. Wie es unserer Art entsprach, gingen wir dabei radikal vor: Kündigung aller Versicherungen mit Ausnahme der freiwilligen Krankenversicherung. Die Lebensversicherungen konnten wir beitragsfrei erhalten. Als künftige Notunterkunft bauten wir uns in den ungenutzten Lager- und Büroräumen der ehemaligen Firma meiner Schwiegereltern eine Wohnung aus. Teilweise aus vorhandenem Lagermaterial gefertigt, konnten wir nach gut zwei Monaten intensiver Arbeit auf eine anderthalb Zimmerwohnung aus 3 Sorten Parkettresten mit Kochnische und Dusche/WC verweisen. Ein elektrobetriebener 80 Liter Warmwasserspeicher und ein Kaminofen mit Edelstahlrohr vervollständigten die Selbstbaubehausung im Charme eines Wochenendhauses. Strom, Wasser und Abwasser wurden an das Eigenheim meiner Schwiegereltern angeschlossen und hielten die Installationskosten niedrig.

Unser Beispiel machte auch gleich Schule: Ein Bekannter erwarb einen ehemaligen Fachwerk-Stall und baute sich einen alternativen Landsitz hinein. Zwar nicht ganz erlaubt, aber gemütlich. Der Spareffekt bei einem solchen Eigenheim ist jedenfalls beträchtlich. Nur bei der Postadresse und beim Meldeamt war etwas Phantasie gefragt.

So war es uns gelungen unseren tristen aber teuren Lebensstil von mehreren Tausend Euro (incl. Ladenmiete) auf wenige Hundert pro Monat zu drücken. Und das bei gleichzeitig gestiegener Lebensqualität, was wir selbst kaum glauben konnten. Wo wir früher schon aus Zeitmangel nach Ladenschluss ins Restaurant mussten – mehrmals die Woche, was irgendwann wirklich keinen Spaß mehr machte - hatten wir nun reichlich Zeit und kochten uns die aufwändigsten und zudem leckersten Abendessen selbst. Auf einmal füllten ganz andere Tätigkeiten den Tag aus. Früher konsumierten wir gedankenlos aus einem zufälligen Angebot der Märkte, jetzt wurden wir kreativ. Das erstreckte sich vom Essen, über die Kleidung bis zum Basteln von Lampen und Möbeln. Eine Wandlung vom simplen Verbraucher zum Schöpfer. Unser Leben gefiel uns jetzt schon besser als je zuvor. Eigentlich hätten wir das schon viel früher haben können. Aber hätten wir es auch gewollt?

Gerechterweise muss ich zugeben, dass ich mich bis 1990, dem Jahr meiner Geschäftsgründung, doch ziemlich ausleben konnte und hernach nicht das Gefühl haben musste, etwas versäumt zu haben. Weiterhin verfüge ich bereits über ein geringes Vermögen das bei äußerst bescheidener Lebensführung immerhin wenigstens das pure Überleben sichern und damit schon knapp als Altersgrundversorgung ausreichen kann. Somit konnte ich recht entspannt der näheren Zukunft entgegenschauen. Darin unterscheide ich mich aber kaum von vielen Anderen. Es kommt wohl nur darauf an in welcher Höhe das gefühlte Existenzminimum individuell angesiedelt ist.

Als Beispiel sei hier ein guter Bekannter beschrieben, der um die 45 Jahre ist, als Single lebt und seit 15 Jahren in einer leitenden Position ein prima Einkommen hat. Das unbelastete Eigenheim seiner Eltern, die eine hohe Rente beziehen, ist bereits ihm und seinem verheiratetem Bruder mit Nießbrauchvorbehalt übereignet. Über diese Haushälfte hinaus gehört ihm noch die Einliegerwohnung, die er selbst nutzt. Außerdem hat er durch sein hohes Einkommen bereits jetzt einen stattlichen Rentenanspruch und ist damit insgesamt für das Alter hinreichend abgesichert. Was will der Mensch mehr?

Die nächsten 20 Jahre bis zum Rentenalter könnten einmal so aussehen:

Mindestens 40 Stundenwoche, 40 Kurzurlaube, 40 Heimspiele seines Fußballvereins, 40 Programme der Provokative - der 4. Gewalt im Staate - und 400 Zucker. Oder, er klinkt sich aus der bürgerlichen Existenz aus, zieht im Sommer in eine Sennerhütte und macht Käse, was er schon immer machen wollte. Er bräuchte ja nur für sein augenblickliches Leben zu sorgen und das gelänge ihm sicher leicht.

Wer also in einer ähnlich günstigen Ausgangssituation ist - und das sind doch recht Viele - muss sich nicht damit abfinden sein ganzes Leben hinter einer vorgehaltenen Karotte herzulaufen. Wichtig ist hier nur und ausschließlich, dass keine Notwendigkeit nach größeren, vererbbaren Hinterlassenschaften besteht und man nur für sich selbst verantwortlich bleibt.

Also: Keine Kinder !

Gerade hier wird unmissverständlich klar, dass die Planung aufs Genaueste die Voraussetzung für ein erfolgreiches Aussteigen ist, und man sich nicht darauf vertrösten kann, dass sich schon alles irgendwie regelt.

Die Frage, ob man denn unbedingt eigene Kinder haben muss, ist zugegebenermaßen heikel und wird nicht einfach und allgemein zu beantworten sein. Ich will es dennoch versuchen und muss dafür grundsätzlicher werden.

Die zweigeschlechtliche Fortpflanzung hat sich gegenüber der Eingeschlechtlichen, wie einfacher Zellteilung oder Sprossung, als erheblich vorteilhafter erwiesen. Die Möglichkeit der Kombination von Erbinformation stellt ein gigantisches Potential zur Entwicklung neuer Arten dar. Nicht die Mutation als alleinige Reaktion auf Umwelteinflüsse verändert eine Art, sondern alle Nachkommen der zwei- oder mehr-geschlechtlichen Fortpflanzung unterscheiden sich ein wenig voneinander und bieten deswegen schon Krankheitserregern weniger Angriffsfläche.

Die Individualität war erfunden und setzte sich bis auf die Bereiche durch, wo extreme Energieeinsparung gefragt war. Denn Aufwändiger ist die Zweigeschlechtlichkeit schon. Die Natur hat dafür den meist stärksten Trieb erfunden - häufig noch vor dem Selbsterhaltungstrieb - um die passenden Partner zusammenzuführen, was aber in aller Regel dem Einzelnen zum persönlichen Nachteil gereicht: Den Sexualtrieb.

Tigerweibchen vertreiben sofort nach der Begattung das vorübergehend aggressionsarme Männchen aus dem Revier, Spinnenmädchen nutzen zuweilen die Spinnenbübchen als Häppchen und See-Elefanten zerfleischen sich mit ihren Nebenbuhlern um die Gunst der Haremsdamen die dann noch lange an den Folgen des kurzen Genusses und an der Sorgepflicht zu Tragen haben.

Die Belohnung für diese Handlung ist nicht der Orgasmus allein, sondern schon vorher haben beispielsweise Singvögel beim Nestbau nachweislich Freude am Tun. Hinterher, wenn das befruchtete Resultat nicht mehr rückgängig zu machen ist, hält die Naturchemie noch allerhand an Beschützerinstinkt- oder Mutterglück-Drogen bereit, um zur Arterhaltung - und nur deswegen - auch das Individuum bei Laune zu halten.

Wäre der Wunsch nach Nachkommenschaft für sich schon selbstverständlich, dann bräuchte es den Sexualtrieb nicht. Es soll nicht heißen, dass es keinen Kinderwunsch gibt, der ist dann aber lediglich soziologisch determiniert. Dass dieser über die Rückkoppelung aus dem Brutpflegetrieb herrühren kann, und damit wieder die Brücke zur Biologie schlägt, bedeutet keine Einschränkung, denn alles hängt in einer Reihenfolge vom Auslöser ab, und das ist eben die Lust. Wer also die Konsequenzen des Sex vermeidet, genießt die Falle der Natur als Geschenk und vermisst eine eventuelle Dreingabe aus Unkenntnis nicht.

Die Entkoppelung von Sex und Fortpflanzung ist naturgegeben und allein daran schon zu erkennen, dass die eigentliche Befruchtung frühestens einen Tag, aber eher 2 bis 4 Tage nach dem Geschlechtsakt, stattfindet. Und zwar vom Wirtskörper völlig unbemerkt z.B. im Schlaf, beim Wäschebügeln, auf der Toilette oder sogar während einer weiteren Begattung mit - pikanterweise - vielleicht sogar einem anderen Partner.

Was aber bewegt unsereins ganz allgemein zu irgendeiner Handlung überhaupt? Ist der Trieb immer ein stärkeres Motiv als die reine Einsicht? Aber wenn ich dann dieses Gefühl der Unzufriedenheit mit meiner Umgebung als ursächlichen Antrieb für meinen Ausstieg identifiziere, habe ich denn damit nicht der Chemie meines Urschlammes erlaubt mein Denken zu lenken und zu beschneiden, und somit den Sitz des höchsten Grades meiner Individualität zu amputieren?

Irgendwie schon, denn ein Gefühl ist häufig der Anstoß um einen Denkprozess überhaupt erst einzuleiten. Wenn jemand zum Beispiel davon träumt ein Haus zu kaufen oder zu bauen, wird ihn die Vorfreude darauf einerseits sicher zu hohem Einsatz motivieren, und ihn andererseits die Aussicht auf alle damit verbundenen Anstrengungen leicht beiseite schieben lassen. Die rein vernünftigen Gründe zum Haus werden die Selben bleiben, die emotionalen unterliegen Veränderungen und sind anfänglich sicher dominant. Jedenfalls erlebt er eine fühlbare Verbesserung seiner Lebenssituation schon in der Vorfreude.

Also wird sein Antrieb aus einem Umstand entstanden sein, dass eine als unangenehme empfundene Situation, zum Beispiel in einer lauten Mietwohnung, von der Hoffnung auf eine Verbesserung, im ruhigen Eigenheim, abgelöst wird. Ist das Haus dann erst einmal das Seine, ist die Euphorie zunächst am Größten. Im Laufe der Zeit reduziert diese sich allerdings auf ein angenehmes Niveau an Zufriedenheit, sofern die, bis dahin etwas verdrängte finanzielle Last den Spaß daran nicht gänzlich zunichte macht. In allen Fällen wird aber der neue Hauseigentümer versuchen sein anfänglich hohes Glücksgefühl zu erhalten, auch wenn er spürt, dass es sich durch den Gewöhnungsprozess vermindert. Durch dauernde Änderungen daran und darin, oder durch Umgestaltung des Gartens, wird er eifrig bemüht sein den Glückspegel hoch zu halten. Ganz allgemein wird darin ja ein Maß für den Daseinserfolg schlechthin verstanden. Das aber kann auf Dauer nicht gelingen, weil ein anhaltendes Glücksgefühl im biologischen Programm nicht vorgesehen sein kann.

Es würde das Wesen letztlich antriebslos machen. Man hätte ja keinen Grund den angenehmen Zustand zu ändern. Das Glück kann, wie die Lust, der Zorn, Schreck oder spontane Freude, nur ein kurzlebiges Gefühl sein.

Die Hoffnung allein auf ein Glücksgefühl kann aber sehr wohl eine lang anhaltende und geplante Aktivität auslösen. Ein dauerhaft angenehmes Gefühl entsteht dann schon aus der begründeten Erwartung auf die Erfüllung und legt auch den Handlungsablauf bereits weitgehend fest. Alle vernünftigen Denkvorgänge unterwerfen sich den emotional vorbestimmten Rahmenbedingungen zur Verfolgung des einmal erfassten Ziels. So wie jede Aussage nur innerhalb ihres Definitionsbereiches gültig ist, werden Argumente und Abwägungen nur zugelassen sofern sie das einmal gesteckte Ziel nicht in Frage stellen. Eine grundsätzliche Betrachtung über die Wege zur Erhöhung der Lebensqualität sollte also besser frühzeitig geschehen, bevor die Entscheidung zum Eigenheim emotional präjudiziert ist.

Negative Gefühle verursachen dagegen eher instinktive Handlungen der Abwehr, wie die bekannten Reaktionen auf Zorn oder Schreck. Eine dauerhaft schlechte Gefühlslage wird irgendwann schon seinen geeigneten Ausgleich finden; wenn auch eher einen unbedachten.

Das einfache Häuschen wird also letztlich, ebenso wie die Luxusvilla, zur bewohnten Gewohnheit und kann seinem Eigentümer höchstens ein Gefühl der Zufriedenheit erreichen lassen. Wenn die Finanzierung der Luxusvilla aber wackelig ist und daher sogar Existenzangst entsteht, ist selbst die simpelste Hütte im Rennen ums Wohlbefinden glatt im Vorteil. Man kann dieses Hausbeispiel ohne Einschränkung auf alle materiellen Güter anwenden und erhält zum einen die umfassende Erkenntnis, dass aller Drang zum Besitz letztlich maximal zur Zufriedenheit führen wird, wenn man es nicht übertreibt und der Sturz ins Unglück folgt. Zum anderen, dass, je höher das Maß an Unzufriedenheit, desto größer die Anstrengung, diesen Zustand zu ändern. Wer also besonders ehrgeizig und karriereorientiert ist, bewertet vermutlich seine augenblickliche Situation als geradezu unerträglich, wird sie aber auf diesem Weg nicht nachhaltig verbessern.

Wenn ich feststellen kann, dass ich in wirtschaftlicher Situation ohne wirkliche Not und Entsagung lebe und der Versuch einer dauerhaften Erhöhung meines Wohlbefindens auf materieller Basis nur wieder in die selbe Zufriedenheit mündet, kann ich mir diese Anstrengung auch sparen.

Sofern der Gefühlspegel nicht gerade unter den Level der Zufriedenheit abfällt, wird mich jeder Versuch auf dauerhafte Erhöhung durch den Gewöhnungsprozess auf diesen Mittelwert zurückfallen lassen. Das höchst erreichbare Niveau des Daseinserfolgs ist somit letztlich die Essenz aller positiven Gefühlsbeiträge zur Zufriedenheit, unter Vermeidung aller Negativen, und das Denken nur Mittel zum Zweck um dies zu erreichen und zu sichern.

Natürlich möchte ich aber nicht ausschließlich im Gefühl diffuser Zufriedenheit verharren, sondern will gelegentlich meine orgiastischen und ekstatischen Pikes. Ersteres bekommt man zwar auch gegen Geld, wird aber gerade deswegen als Lust mindernd wahrgenommen - Ekstase beschert dagegen vielen z.B. der Besitz eines Jaguar, andere vermögen sich aber auch an einem Automobil des selben Namens zu ergötzen.

Letztlich aber führt der Versuch, seine Stimmungshochs ausschließlich käuflich zu erwerben zu nichts, denn irgendwann geht jedem das Geld aus und bleibt bar der Hoffnung auf weitere Steigerungen in der Schuldenfalle stecken. Eigentlich wirken alle käuflichen Produkte nur indirekt auf die Erhöhung der Stimmung. Es sind nicht die Dinge selbst die Freude machen, sondern ihr Besitz oder Gebrauch spricht ein inneres Bedürfnis nur auf Umwegen an. So ist ein Auto letztlich nur eine moderne Krücke, die einen urmenschlichen Wunsch nach Mobilität und Ästhetik erfüllen soll. Denn wenn es das Produkt selbst wäre das uns begeistert, dann hätten die Besucher einer Hausgerätemesse ebenso leuchtende Augen wie die auf einer Automobilausstellung. Um es ganz klar zu sagen, erliegt ein Waffennarr nicht der Faszination der handwerklichen Ausführung seines Fetischs, sondern lässt sich dadurch seinen Jagdinstinkt und seine Lust am Töten bedienen. Der Autonarr wird die Wirkung seines Lustobjektes auf sein Innerstes vielleicht nicht so direkt wahrnehmen, die Gefahr ist aber dadurch eher größer, wie über ein Dutzend gekeulter Verkehrsteilnehmer an jedem einzelnen Tag, allein in Deutschland, deutlich zeigen. Wie viel menschlicher, ungefährlicher und auch preiswerter ist es dagegen die natürlichen und ursprünglichen Quellen der Freude zu erschließen.

Die Natur hält ein Füllhorn bereit, die Wünsche nach Harmonie, Ästhetik und Lust zu befriedigen, und ist darin allemal besser als die Designer der Autoindustrie. Mit wenig Aufwand ist zum Beispiel der Sex ebenso zu kultivieren wie das Essen und Trinken. Wer sich dagegen nur für Statussymbole wie teuere Kleidung und Schmuck abrackert - nur um fremden Leuten zu gefallen - verharrt schon wegen seines Zeitmanagements in Sachen Erotik im Neandertal; wenn er sonst auch mit Messer und Gabel essen kann. Um dem Alltagsfrust dauerhaft zu begegnen reicht die Bereitschaft zu immer neuen Höchstleistungen im rat race eben nicht aus, sondern es muss eine grundsätzliche Änderung her.

Der Ausstieg.

Zum Ende Juno 1996 hatten wir unser Geschäft verkauft und es wurde bereits Spätsommer als wir die Grundbedingungen zum Aussteigen erfüllt sahen: Unabhängigkeit und Minimierung der Aufwändungen zum Leben. Sogar Paulchen, unser stahlblaumetallisches Kriechtier, hatte ich treulos verstoßen, worüber ich mich noch immer gräme. Künftig wurde der Motorroller das einzige, spottbillige Verkehrsmittel. Aussteigen ist eben nicht so einfach wie umziehen. Das ist nur ein kleiner Wechsel von einer gewohnt bekannten in eine gewohnt unbekannte Umgebung. Das Gefühlsengagement beschränkt sich dabei nur auf die räumliche Trennung von den Freunden, die man ja nicht ganz verlieren muss wenn es echte waren. Der Aussteiger betritt dagegen schon Zuhause eine andere Welt, wodurch er sich schon von seiner Umgebung und seinen Freunden entfernt, denn die Eindrücke und Erfahrungen verändern ihn zunehmend. Wenn ich heute durch Kaiserslautern gehe, fühle ich mich nur noch als Besucher. Ein neues Gefühl setzte sich fest: War ich in der Fremde geboren und aufgewachsen?

Auch aus diesem Grund sei dem empfohlen, der mit seinen Kindern zusammen ans Aussteigen denkt, sich das genau zu überlegen - er vermindert ihre Chancen in der alten Umgebung erheblich. Ein Erwachsener kann leichter nach ein paar Jahren wieder zurückkommen und auf ähnlicher Höhe wieder einsteigen. Vorausgesetzt er hat ein paar Vorkehrungen für den Fall getroffen, dass es schief geht - was man immer mit einkalkulieren sollte. Wenn das Traumland aber schon nach einer Urlaubsreise festzustehen scheint wird es vermutlich zu rosig gesehen und die Wichtigkeit die Brücken nicht alle abzubrechen wird unterschätzt.

Im Nachhinein bin ich froh darüber, dass wir ein mögliches Ziel und eine neue Heimat erst dann konkret ermitteln wollten, nachdem wir unser Rückzugsnest auf seine Tauglichkeit prüften. Eine Zuflucht nicht nur für den Versagensfall, sondern auch um eine Verschnaufpause einlegen zu können, wenn über den Kurs Unklarheit besteht. Damit hatten wir uns die immens wichtige Freiheit zu allen Korrekturen unserer Pläne erhalten.

Nichts ist frustrierender als die Feststellung, dass man sich in eine falsche Situation manövriert hat aus der man sich nur noch unter Aufbietung aller Zeit- und Geldreserven befreien kann.

Die Suche.

Bei der Suche nach einer neuen Heimat spielt das Klima eine entscheidende Rolle. Gleich vorneweg will ich festhalten: Menschen sollten nicht da leben wo Wasser kristallisieren kann. Der Frost ist lebensfeindlich und alle Arten an Pflanzen und Tieren, die in Gebieten mit gelegentlichem Frost existieren, mussten dafür ausgefeilte Strategien entwickeln. Ursprünglich sind alle diese Arten nicht dort entstanden. Manche Pflanzen bilden Knollen, Zwiebeln oder werfen ihre Blätter ab, manche Tiere halten Winterschlaf, -starre oder sterben einfach. So genannte einjährige Pflanzen sind solche, die es in der kurzen Vegetationszeit schaffen Samen zu bilden, oder anderweitig die Nachkommen ins nächste Jahr hinüber zu retten. Sie selbst sterben. Wer nicht wie die Zugvögel wandert, muss sich von dem ernähren was aus der letzten Vegetationsperiode übrig blieb. Oder man frisst sich gegenseitig. Die ohnehin geringe Artenvielfalt an Lebendigem, gegenüber den Tropen, wird im Winter auf einen Bruchteil dezimiert. Die Menschen siedeln noch nicht lange in solchen Gebieten und haben auch deswegen keine umfangreichere Anpassung vornehmen können. Unsere Vorfahren stammen wohl aus dem Rift Valley in Ostafrika, woher die bisher ältesten Menschenfunde kommen, oder aus einer ähnlichen subtropisch bis tropischen Umgebung. Erst als sie über eine gewisse Technik und Erkenntnis verfügten, konnten sie zum Beispiel Mitteleuropa besiedeln. Dabei erzeugen sie ihr subtropisches Klima bis heute künstlich in ihren Behausungen. Eigentlich leben sie gar nicht hier, sondern 8 Monate im Jahr in einer Art Überlebenskapsel, die sie Wohnung nennen. Dabei bleiben sie voll aktiv und der Alterungsprozess läuft ununterbrochen weiter, während sie nur stundenweise ihre Höhlen verlassen können. Die Bären sind nicht so dumm, sie halten Winterruhe. Außerdem ist es eine gigantische Energieverschwendung die Häuser zu beheizen. Wir pumpen dauernd Wärme hinein wie in ein leckendes Fass, nur um eine notwendige Temperaturdifferenz zur unerträglichen Umgebung aufrecht zu erhalten. Unsere Temperaturtoleranz ist so gering, dass wir ohne Häuser und Kleidung unter +10 Grad Celsius erfrieren würden, und das entspricht gerade der Jahresdurchschnittstemperatur im Rheintal, der wärmsten Gegend Deutschlands. Über 70% des Energieverbrauchs der privaten Haushaltungen gehen allein zu Lasten dieser Heizungen. Am Gesamtenergieverbrauch sind die Haushalte zur Hälfte, gesamter Verkehr und Industrie zu je einem Viertel, beteiligt. Heizungen stellen damit den größten, und zudem unelegantesten, Energieeinsatz dar, nur um uns Fremdlingen in dieser Welt das Überleben in der Qualität eines Dahinvegetierens zu ermöglichen.

Die Vorfahren aller Hellhäutigen mussten zudem mit dem Verlust ihrer Haut-Pigmentierung den besten UV-Schutz opfern, nur weil in den hohen Breitengraden zu wenig Licht vorhanden war um genügend lebensnotwendiges Vitamin-D zu bilden. Die ständige Gefahr von Hautkrebs ist seither der Preis für das Experiment diese unwirtlichen Landstriche zu besiedeln.

Das Allernotwendigste an Vitaminen für unsere Ernährung ließ sich denn auch erst in jüngster Vergangenheit durch einen immensen Transportaufwand sichern. Der Winterdepression wird mit der Lichttherapie der Kampf angesagt und der Rammdösigkeit begegneten unsere Vorfahren mit Haustieren und Kuckucksuhren. Hauptsache, dass sich in der reizarmen Bude etwas bewegt. Der heutige Rezipient der Flimmerkiste erlebt die Bewegung denn auch eher passiv, wie er im Hinblick auf seinen Blutdruck und Blutzuckerspiegel nicht eben begeistert feststellt. Der visuelle Reiz einer Winterlandschaft kann nicht darüber hinwegtäuschen, dass wir uns ihr nur für kurze Zeit gefahrlos aussetzen können. Im Übrigen verfügen sogar die Mondlandschaften, aus sicherer Ferne betrachtet, über eine gewisse Ästhetik. Am Ende ist „Väterchen Frost", ebenso wie unser Sensenmann, aber nur ein weiteres verharmlosendes Synonym für den Tod.

Neben dem Frost ist die Trockenheit der zweite Feind des Lebens und in zwei Streifen rund um die Erde vertreten, in denen sich die Wüsten und Steppen befinden. Bedingt durch das planetare Windsystem befinden sich weiter nördlich und südlich der Innertropischen Konvergenz Zone (ITC) die Subtropen, in denen die absinkenden Luftmassen der dortigen Hochdruckgebiete die Erde austrocknen. Es gibt in diesen Zonen zwar keinen Frost, aber leider auch kein Süßwasser, das die Begeisterung darüber, dass es dort nicht gefrieren müsste doch etwas dämpft.

Auf einer gedachten Reise von den Polen zum Äquator, durchquert man zuerst Permafrostzonen, dann die Gebiete jahreszeitlichen Frostes, um über die Trockenzonen, zu denen auch Australien und die Mittelmeeranrainer gehören, in den Tropen anzukommen. Dem einzig vernünftigen Rückzugsgebiet zivilisationsgeschädigter Stadtflüchtlinge. Der Entdeckung dieses real existierenden Paradieses durch die gemäßigt breiten Höhlenmenschen der Industrienationen verdanken die Hersteller von Gelbfieber-, Hepatitis-, Polio- und Tetanus-Impfstoffen Rekordumsätze. Den Jahresurlaubs-Abenteurern gelingt es nur unter Einsatz der geballten Pharmazie die Kurzexpedition mit höchstens einer Amöbenruhr zu überstehen. Hernach werden die schauerlichsten Geschichten von giftigen Tiermonstern und Menschen fressenden Pflanzen einer schaudernden Zuhörerschaft dargeboten. Jetzt frage noch einer woher der miese Ruf der Tropen rührt. Die Tropen waren und sind die beste Umgebung für den Menschen. Es braucht nur ein bisschen Zeit, um mit den dortigen Bakterien und Viren zum Waffenstillstand zu kommen. Wirklich gefährliche Gegenden und Umstände kann und soll man meiden und wird der Bilharziose damit leichter begegnen können als der Borreliose, die vom blutgierigsten Tier übertragen wird, das ich kenne: Die heimische Zecke.

In ganz Mitteleuropa verbreiteten sich ursprünglich etwa 20 Wald bildende Baumarten, in Zentral Amerika ungefähr 2000. Nordamerika kann sich zwar auch schon mit ca. 150 Baumarten brüsten, was aber daher rührt, dass die Pflanzen dort nach Ende der letzten Eiszeit vor etwa 20000 Jahren auf ihrem Weg nach Norden keine, in Ost-West Ausrichtung liegende, Gebirgsbarriere überwinden mussten wie in Mitteleuropa. So schaffte es die Deutsche Eiche gerade mal 2000 v. Chr., die Buche 700 v. Chr. und der Walnussbaum sogar erst im Gepäck der Römer über die Pyrenäen, Alpen oder Karpaten in unsere Gefilde. Allgemein wird aber dadurch die Richtung klar, die alles Lebendige nehmen musste, das in die sog. gemäßigten Breiten vordringen wollte. Und sie blieben auch da, selbst wenn sich die Umweltbedingungen wieder verschlechterten und das Leben sehr hart wurde. Die einmal besetzten Reviere werden nur dann aufgegeben, wenn ein Überleben dort absolut nicht mehr möglich ist, weil die genaue Kenntnis seiner gewohnten Umgebung für die meisten Arten einen immensen Vorteil darstellt, der nicht leichtfertig aufgegeben wird. Unter den hiesigen Lebensumständen ist also nichts wirklich entstanden und alle Anpassungen daran hatten ihren Grund einzig aus der Not heraus.

Mindestens die Hälfte aller Pflanzen und Tieren der Welt hat heute ihre Heimat in den tropischen Wäldern. Die allermeisten Lebewesen insgesamt haben ihre Urheimat in den Tropen und hatten von da die anderen Gebiete besiedelt, indem sie sich an die dortigen Verhältnisse anpassten und dadurch erst eigene Arten bildeten. So ist zum Beispiel ein Fell ein Artmerkmal von Säugetieren und zunächst vermutlich als Sonnen- oder Verletzungsschutz gebildet, in kalten Regionen aber erfolgreich zur Temperaturisolation weiterentwickelt. Würden wir Menschen eine Auslese in dieser Richtung zulassen, hätten wir gute Chancen, dass sich unsere Nachkommen, in sagen wir mal schlappen 50 Generationen, auch hier ungeschützt wohl fühlen könnten. Da hole ich mir meinen Kältereiz lieber beim Longdrink an der Dschungelbar.

Die zur Auswahl stehenden tropischen Wälder bedecken heute aber nur noch zu 6% die Landoberfläche und teilen sich weiter auf zu: 25% davon in Südost-Asien, 15% in Schwarzafrika und 60% in Amazonien, welches das Gebiet von nördlichem Südamerika, Zentral Amerika und Karibik umfasst.

Dabei ist Schwarzafrika leider in vielerlei Hinsicht, wie Epidemien, politischer Instabilität, über Unruhen bis hin zu Krieg, Korruption, Verfolgung, Armut und Elend – vornehmlich Importgüter der ehem. Kolonialmächte - zu traurigem Ruhm gelangt. Im Businessplan zur Rohstoffsicherung machen sich neuerdings die G8'er Staaten, in Konkurrenz zu China und Indien, gleich den ganzen Kontinent zur Beute. Darüber hinaus gedeiht hier das weltweit höchste Bevölkerungswachstum und möchte es daher insgesamt als neue Heimstätte niemandem wirklich empfehlen.

Südostasiens Kulturen werden mir und den meisten Europäern immer fremd bleiben. Was den besonderen exotischen Reiz dieser Länder ausmacht ist eine Andersartigkeit, die für den typischen Urlaub ideal ist. Land und Leute kennen lernen, den Kontrast zum eigenen Leben begreifen, Erbauung genießen und mit neuen Anstößen nach Hause fahren. Reisen in fremde Länder bildet, aber es bildet nicht aus zum Leben in den besuchten Ländern. Wer den Schlüssel sucht zum Verständnis einer fremden Kultur, muss bereit sein dieser Suche sein Leben zu widmen, und das ist etwas ganz anderes als auszusteigen. Der Aussteiger ist eher auf der Suche nach sich selbst. Auch wird ein Europäer in Asien nicht nur äußerlich ein Fremdling bleiben.

Ich erinnere mich gut an eine Reise 1994 nach dem karibischen Tobago, wo ich mich sofort heimisch fühlte. Strandbarleben, tanzen, lachen, das spritzige CARIB-Bier, easy-living und überall Steeldrum- und Reggae-Musik. Die Menschen besaßen eine fröhliche Grundeinstellung, eine sympathische Schlitzohrigkeit und sie liebten und pflegten ihre wunderschöne Natur.

1995, Mauritius im Indischen Ocean. Gabriela hatte sich extra dafür ein Solarstrom betriebenes Radio gekauft, um die dortige Musikszene zu verfolgen. Eine einzige Enttäuschung war diese Insel für uns. Statt Lebensfreude strahlten die Einwohner eine lauernde und unergründliche Verschlossenheit auf uns aus. Ihren Umgang mit Hühnern und Hunden registrierte ich mit Abscheu und die Radiobeiträge beschränkten sich auf hinduistische und muslimische Texte und Gesänge. Auch außerhalb der prächtigen Hotelanlagen hellten sich ihre Gesichter allein beim Anblick von Rupienscheinen auf.

Ich bin mit einem Lebensgefühl aufgewachsen das mit von Janis Joplin, Jefferson Airplane und James Dean geprägt wurde. Es macht mir eben mehr Freude mit der Harley übers Land zu ballern, als Gymnastikübungen im Stil von Militäraufmärschen nach Turnvater Jahn. Manche fühlen sich nur in geordneten Strukturen wohl, andere lieben gerade die Möglichkeiten die sich aus dem Ursprünglichen ergeben. Allen gemeinsam ist aber sicher der Wunsch nach Entfaltung und Selbstverwirklichung. Und nicht erst seit der Erfindung der Spaßgesellschaft, ist die Lebensfreude dabei das wichtigste Ziel. Entweder direkt und unmittelbar, oder manchmal auf Umwegen. Bei allem was wir tun, muss irgendwann einmal etwas Angenehmes und Verwertbares für uns herauskommen, oder wenigstens die begründete Hoffnung darauf. Eben eine langfristige Strategie zur Vermeidung unangenehmer Empfindungen und das Schaffen von Voraussetzungen für Glücksmomente. Manchmal sind die zu Grunde liegenden Strategien leicht erkennbar, manchmal bleiben sie zunächst ein Rätsel. Wer zum Beispiel sein Leben in den Dienst der Pflege von Leprakranken stellt, tut das ja nicht so einfach aus purem Spaß dabei, sondern weil ihm vielleicht das empfundene Mitleid, die erlebte Selbstüberwindung, oder empfangene Dankbarkeit eine tiefere Erfüllung bringt - oder allein die Hoffnung auf eine besonders flauschige Wolke im Himmel. Immer wieder tief beeindruckt bin ich ohnehin was Menschen, für eine nur in Aussicht gestellte Belobigung oder würdevoll gepriesene Verdienste ohne Verdienst, zu leisten bereit sind. Manche verpfänden ihr ganzes Leben einer Bank für ein schnödes Eigenheim und andere riskieren im Streit der Völker, für die leicht verzichtbare Hoffnung auf Würdigung ihrer Tapferkeit nebst Dekorationsblech, sogar den Tod.

Wenn in einer neuen Heimat Werte und vielleicht Ideale hochgehalten werden denen man mit Skepsis gegenübertritt, so hat man es dort sicherlich schwer sich wohl zu fühlen. Für einen Deutschstämmigen müssen zwar nicht unbedingt Schiller, Goethe und Schopenhauer durchschimmern um mit der neuen Umgebung vertraut zu werden, aber die prächtigen Strände allein sind es auch nicht.

Obwohl schon immer die bedeutendsten menschlichen Siedlungen an Ufern von großen Flüssen oder Meer lagen. Mit Ausnahme derer vielleicht, die an Fundstätten von Bodenschätzen gegründet wurden, war es sicher die Ansammlung vieler praktischer Vorteile die den Küstenlagen den Vorzug gaben. Besonders die subtropischen und tropischen Küsten sind der Lebensraum für Menschen schlechthin; nirgends sonst ist mit einem geringeren Aufwand ein Maximum an Wohlbefinden zu erreichen. Allzu klein darf die Landmasse dabei aber nicht sein, wenn man keine Kiemen hat. In den südpazifischen Inseln ist auch die Artenvielfalt, trotz üppiger Vegetation durch die isolierte Lage, eher gering. Von jeglichen Versorgungsrouten so weit abgelegen, muss sich ein Liebhaber von Dosenlimonade dort schlichtweg ruinieren.

Das Ziel.

Unter Abwägung aller Argumente und Vorlieben kam für Gabriela und mich als neue Heimat nur die Neue Welt in Betracht. Dabei favorisierten wir klar den karibischen Raum. Genauer festlegen wollten wir uns dabei noch nicht und beschlossen zunächst die Frage nach der Unterkunft zu erörtern. Die Erfahrung aus den Campingreisen meiner Jugend und den späteren Hotelaufenthalten zeigten mir, dass es einen Zielkonflikt zwischen Naturerlebnis und Komfort gibt. Je umfangreicher die Einrichtungen zum

Genießen der Umwelt, desto mehr musste diese weichen. Für Mitteleuropäer ist die feste Behausung, trotz aller Gefahren durch Milben und Schimmel, zur fixen Idee geworden und verlangen selbst im Süden die dort völlig unsinnigen, dichten Beton-Bunker. Darin ist es natürlich kaum auszuhalten, somit muss eine Klimaanlage her. Weil sie Zuhause daran gewöhnt sind immer eingemauert zu sein, haben sie vergessen, dass es viel weniger aufwändig ist, sich vor der Hitze zu schützen, als vor der Kälte. Im Süden reicht eine Bambushütte mit Stoff -, oder Mattenwänden und Fliegennetzen aus. Der kanadische Kurzurlauber aber, der am 2. Tag schon einen Sonnenbrand 2.Grades vorweist, kann auf die lindernde Aircondition natürlich nicht verzichten.

Das mit der ortsgebundenen Behausung wollte ich aber lieber in die weitere Zukunft schieben und machte meiner Gattin die Alternativen schmackhaft: Wohnmobil und Boot. Beides kann die notwendigen Einrichtungen bieten, als da sind: Bett, Dusche/Waschgelegenheit, Kocher, Kühlbox, Tank und Toilette.

Das Wohnmobil müsste aber möglichst leicht sein und in seinen Abmessungen auch auf kleine Strassen passen. Schwerer als Nachteil wiegt indes, dass ein Automobil dem Prinzip nach ein Schienenfahrzeug ist, mit der Besonderheit, dass die Weichenstellung in das Fahrzeug integriert ist. Eine freie Wahl der Richtung ist nicht gegeben und man gelangt daher nur über die angelegten Wege zu damit bereits vorgegebenen Zielen. Die Ziele selbst sind nur mehr Durchgangsstationen zu Anderen und bei all diesen handelt es sich um menschliche Ansiedlung. Um irgendwo hinaus zu fahren, fährt man nur woanders hinein. Die Strassen sollen alle miteinander verbinden, indem sie den - zu ihrem Bau günstigen - Geländeformationen folgten. Eher ein Zufall ist es dann, wenn sie an einer paradiesischen Location vorbeiführt. In Europa kommt man mit dem Auto zwar immer in die Nähe jeder beliebigen Landschaftsstelle, in dünner besiedelten Regionen ist das Wegenetz dazu aber meist zu grobmaschig. Der Autofahrer ist im Tropenwald nur Zaungast und bietet seinen Passagieren nicht mehr als eine Art Fernsehen. Außerdem ist man mit einem Auto selbst in weniger entwickelten Staaten einigen lästigen Regularien ausgesetzt. Um zu unseren Wunschdestinationen zu gelangen wäre außerdem eine amphibische Auslegung notwendig.

Wenden wir uns also gleich dem Boot zu, bietet es doch als einziges, was der Mensch so braucht. Aus meinen Erfahrungen in Binnengewässern und Mittelmeer, wusste ich um die besonderen Tücken einer Segelyacht, denn um eine solche muss es sich zweifellos handeln. Ein Motorboot dient demgegenüber keinem vernünftigen Zweck, weil diese Anhäufung korrosionsanfälliger und empfindlicher Technik nicht zu dem feucht-salzigen Milieu passt und sich nur unter Einsatz teuerer Energie bewegen lässt, wo es doch auch vom Wind alleine prima funktioniert.

Die klassische Segelyacht kann Ozeane überqueren und besitzt dafür folgende Charakteristika: Ein stabiler Rumpf mit tiefem Ballastkiel, kleinen Fenstern, kompaktes Cockpit, geschützter Steuerstand, ruhige Seekojen und einen zuverlässigen Dieselmotor. Unter Segel ist das die richtige Konstruktion um damit große Strecken zu bewältigen. Wie groß ist aber seine Eignung dauerhaft darauf zu wohnen, wenn man angekommen ist? In tropischem Klima ist der tief liegende Wohnraum eine Zumutung, vor allem bei kleinen Fenstern und schlechter Lüftung. Das kleine Cockpit und die knappe Deckfläche lassen zudem schnell die Entdeckung des aufrechten Gangs vergessen. Und die Rumpfdurchführung der Schraubenwelle unter der Wasserlinie beschert uns eine immerfeuchte Bilge und sorgt für diesen typischen, schimmelig-modrigen und mit Diesel verfeinerten, Yacht-Odeur.

Aus diesen Überlegungen heraus präferierte ich einen Segelkatamaran. Typisch für diese Boote ist die offene und luftige Bauweise mit großer Deckfläche und geringem Tiefgang, was besonders für Korallen- und Mangrovengebiete ein echter Vorteil ist. Zudem genügt ihnen ein kleiner Außenbordmotor als Hilfsantrieb, hat damit weniger Rumpfdurchlässe und eine immer knochentrockene Bilge.

Die Abreise.

Mit diesen Einsichten versehen, besorgten wir uns ein B2-Visum für die USA und flogen nach Ft. Lauderdale, Florida, wo wir im Nov. 96 ankamen. Sofort begannen wir die Kaufsuche nach einem Fahrtenkatamaran. Unsere Überlegung war, dass die Auswahl an Mehrrumpfbooten in den USA größer, Boating dort nicht nur was für Reiche ist und wir die teuere Ausrüstung und die Gefahren einer Atlantiküberquerung damit vermeiden konnten. Mit dem Leihwagen klapperten wir die Boat-yards und Broker in der Umgebung ab und fanden aber nur Einrumpfboote und gerade einmal einen einzigen bezahlbaren Trimaran. Dieses heiße Gerät hätte mir zwar gut gefallen, da es u.a. auch wegen der hydromechanisch idealen Gestaltung der Außenschwimmer das perfektes Segelfahrzeug darstellte, aber leider bot es doch zu wenig Innenraum für unser Vorhaben.
Ich hatte mir ja einen Katamaran in den Kopf gesetzt und landete daher schließlich bei einem Spezial-Broker für Multihulls. Dieser führte in der Größe bis 30 ft. nur zwei im Angebot. Eines im Staate Maine, wo es schon zu schneien begann, das Andere in South Carolina, immerhin noch 1000 km nördlich von uns. Zwar nur 7 m lang und über 20 Jahre alt,

war es doch so preisgünstig, dass wir beschlossen es anzuschauen. Zuerst mussten wir aber noch das Mietauto wechseln, weil es bei dieser Firma nicht erlaubt war damit über die Staatsgrenzen zu fahren. Endlich in Mt. Pleasant, Charleston, South Carolina angekommen, trafen wir den Eigner John O'Mara. Er machte den Eindruck eines Mannes, der nicht wirklich mehr daran geglaubt hatte, dass sich noch jemals jemand für sein Boot interessiere. Er musste seit Monaten nicht mehr an Bord gewesen sein und man sah ihm die Erleichterung an als er feststellte, dass es noch schwamm. Vertrauen erweckend, waren nicht die Worte die mir einfielen, als ich es genauer betrachtete. Mein Gesichtsausdruck und meine Körperhaltung mussten denn wohl auch meiner Stimmung entsprochen haben und wir versanken in einer Aura stiller Enttäuschung. Plötzlich wurden wir durch ein lautes „Flatsch" aus der Ruhe geschreckt. Mitten an Deck war ein frischer Vogeldreck und Mr.O'Mara kommentierte schulterzuckend: „Die Seevögel mögen sie jedenfalls." Wir alle lachten bis uns die Tränen kamen. Wir machten noch ein paar dokumentarische Fotos, tranken ein paar Bier mit John und verabschiedeten uns von ihm wie von einem alten Freund.

Wir kamen gerade rechtzeitig nach Ft.Lauderdale zurück um unsere Freunde Karl-Heinz mit seiner Frau Patty vom Flughafen abzuholen. Sie kamen für eine Woche rüber um mit uns meinen 40. Geburtstag im Restaurant Cooley's Landing zu feiern. Die Broker hatten zwischenzeitlich auch keine neuen Angebote und so gab ich doch ein Gutachten für die kleine PIXEL in Auftrag. Dem folgte sogleich ein Angebot mit einem Deposit, als sich herausstellte, dass ihre Substanz doch kerngesund war. John akzeptierte und wir fuhren mit der Eisenbahn oneway nach Charleston. Dort richteten wir uns in einem Motel etwas länger ein und mieteten ein Auto der

Firma Rent-a-Wreck, wo es auf ein paar zusätzliche Beulen auch nicht mehr ankam. PIXEL stand nunmehr auf dem Gelände des Halsey Cannon Boat Yard, am Wando Creek. Nach umfangreicher Reparatur der Ruderanlage und einiger kleinerer, einem kompletten clean up und einem neuen Unterwasseranstrich kam PIXEL am Nikolaustag wieder ins Wasser. Am selben Abend war die Jahresfeier des Boat-Yard wozu wir auch eingeladen wurden, weil wir zum einen bereits vom Motel aufs Boot umgezogen waren, und noch wichtiger, schon bar gezahlt hatten. Am nächsten Morgen herrschte dichter Nebel, im Kopf und über dem Creek, und als er sich lichtete legten wir gegen Vormittag endlich ab und der alte 9.9 Johnson schob uns im Zweitakt jammernd gen Süden.

Was für ein Unterscheid. Eben noch fuhren wir unter den geschwungenen Fachwerk-Stahlbrücken von Charleston hindurch, dann waren gerade noch die obersten Stockwerke der Hochhäuser hinter den Baumkronen zu sehen. Beim nächsten Hinschauen war, wie nach einer Ausblendung, nur noch Himmelblau übrig. Vereinzelte Häuser ersetzten die Vororte bis auch diese ausblieben und wir in endlose Seegraswiesen mit verstreuten Bauminseln entlassen wurden. Immer weiter folgten wir einem gedachten Wasserweg entlang, der sich einmal über einen weiten See und dann, mit schmalen Rinnen und zahllosen Windungen, durch eine vergessene Sumpflandschaft schlängelte. Kein Hinweis auf einen menschlichen Gestaltungsdrang störte mehr. Als sich sogar ein Seeadler kurz und beiläufig für unsere Blasenspur im Schraubenwasser interessierte, verflog auch das belastende Gefühl hierin ein Fremdkörper zu sein. Hochstimmung stellte sich ein.

Hinter der eigentlichen Küste liegt ein Salzwasser gefülltes Adersystem, das im Gezeitenrhythmus nach den isolierten Landresten tastet. Ganz anders als ein Flusslauf, der ein Mündungsgebiet von Land aus düngt und nährt und gegen das Meer voran schiebt, hat hier das Meer das Sagen. Es kriecht zwischen die Baumwurzeln, die Sträucher, und legt sich um die Grasinseln. Es schleicht sich an und stemmt sich langsam hoch um wieder entspannt zurückzusinken. Erst dann ist zu sehen, was es diesmal mitgenommen hat. Das Ganze geschieht gleichmäßig und ruhig wie die Atmung im Schlaf.

Die Salzwasserfliegen und Schlangen, die Reiher und Krebse, alles lebt im Puls der halbtägigen Gezeit. Der Tageslauf stimmt nicht mit der Gezeitenlänge überein und verschiebt täglich den Zeitpunkt des Niedrigwassers, und damit auch die Emsigkeit der Wasservögel, um eine halbe Stunde. Im Zeitraum von 2 Wochen konnten wir im Wechsel bei Sonnenauf- und -untergang lärmendes Geschnatter oder auch völlige Ruhe erleben. Auch wenn wir uns nur langsam durch dieses Grasuniversum schoben und die Bauminseln in Zeitlupe vorbei wanderten, war soviel spannende Abwechslung um uns, dass uns die Wochen wie Tage erschienen.

Die größtenteils natürlichen Wasserwege und Flächen sind durch künstliche Kanäle miteinander verbunden und bilden zusammen den Atlantic Intracoastal Waterway (ICW). Von New York, über die Chesapeak Bay bis in die Florida Keys ist die Ostküste auf diesem Binnenwasserweg befahrbar. Enge Kanäle wechseln sich mit offenen Sounds von Bodenseeausmaßen ab und stellen mit den zahlreichen Nebenarmen ein perfektes Binnenrevier für Segler, Angler, Jetski-Rowdys und Naturbeobachter dar. Für jeden ist reichlich Platz vorhanden. Nur einmal verließen wir den Waterway über ein Inlet, um an der Küste entlang einige Brücken zu umgehen, die unseres Mastes wegen hätten geöffnet werden müssen. Die jedes Mal damit verbundenen Wartezeiten, zum Stoppen des Autoverkehrs und Hoch schwenken der

Brücken, machten das Ausweichen aufs Meer bei gutem Wetter schon mal ratsam.

Gutes Wetter bedeutet im Winter strahlend blauer Himmel bei 25' Celsius und Passatwind aus NE mit 3 Bft. Ab November bis in den März hin zunehmend gibt es aber Störungen der Wetterlage. Der Wind schläft ein oder weht leicht aus Südsüdwest. Es wird wärmer und schwül bis sich aus Norden eine niedrige Wolkenbank nähert.

Letzte Möglichkeit Schutz zu suchen. Ein Blitz, dann noch einer. Das Nachglühen war noch zu sehen, da kam schon der nächste. Nichts für schwache Nerven. Dann Schläge der Regenböen, dass wir die Luft anhielten. Das Ankerseil spannte und schüttelte sich als würde die PIXEL von einer Winde über einen Acker gezogen. Nach einer Stunde war nur noch starker Regen und ein moderater Wind aus Nord übrig. Die Temperatur war auf 15' C gefallen und sank in den nächsten beiden Tagen weiter bis 0' C im schönen Küstenort Beaufort, South Carolina, wo wir in einer Marina übernachteten. Als ich am Morgen vom Boot auf den Steg trat, rutschte ich auf blankem Eis aus und wäre fast ins Wasser gefallen. Die folgenden Tage wurde es aber schnell wieder wärmer, der Wind drehte weiter bis auf Nordost, und wehte konstant mit 15 knots unter einem tiefblauen Himmel. Dies war ein klassischer „Norder".

Die Norder sind Ausbrüche von Kaltluftmassen aus einem winterlichen Hoch im Nordwesten der USA und Kanadas, die für ein paar Tage das Wetter bis über die Grossen Antillen hinaus bestimmen. Sie bringen an den Nordflanken der Inseln ergiebigen Stauregen in der Trockenperiode, und sorgen damit für ein üppiges Pflanzenwachstum. Wir wissen nun auch, was das für Segler bedeutet.

An manchen Tagen begegnete uns überhaupt keiner. Wenn aber doch einmal, dann überholten wir ein ebenso einsames Segelboot, das wie wir auch nach Süden unterwegs war. Unser nervig lauter Außenborder brachte uns doch zügiger voran als die Kielboote, die allesamt unter Motor durch die schmalen Fahrwasser tuckern mussten. Durch unseren Tiefgang von nur anderthalb Fuß konnten wir dagegen die gesamte Wasserfläche befahren. Es war eine beschauliche Reise, nur am Tage unterwegs zu sein und zur Übernachtung einen gemütlichen Ankerplatz aufzusuchen. Oder eine Marina mit ausgiebiger Nutzung der warmen Duschen und der urigen Bars an den Fuel-Docks. Dennoch hatten wir schon unterwegs ein paar Änderungen an PIXEL vorzunehmen. Zuerst musste das Kabel des VHF-Funkgerätes aus dem Mast entfernt werden, weil es bei geringster Bootsbewegung innen gegen den Mast schlug und uns nicht schlafen ließ. Dann mussten wir öfter Getriebeöl nachfüllen, weil der Simmerring undicht wurde, und zuletzt ging noch das Echolot futsch. Wir wollten PIXEL zwar erst in Miami mit allem Ausrüsten, was wir zum Liveaboard-Dasein haben wollten, aber das Echolot war mir doch so wichtig, dass wir uns in Fernandina Beach aus dem Wasser holen ließen, um den Schwinger auszutauschen. Nicht weit entfernt, am Sound, hatten wir nämlich eine unangenehme Begegnung. Wir fuhren kurz vor der Abenddämmerung an einer hell erleuchteten Anlage vorbei, in der ein Atom-U-Boot seinen Heimathafen haben soll, als sich der Nebel verdichtete. Ich wollte noch über den Sound, um auf der anderen Seite zu ankern. Es wurde schnell dunkel und ich konnte wegen des Widerscheins der Palastbeleuchtung des U-Boothangars im Nebel nichts erkennen und fuhr nach Kompass, als ich völlig unerwartet knapp an einer Bake vorbeifuhr. Sie war nach meinen Unterlagen nicht zu identifizieren und ich tastete mich vorsichtig weiter. Plötzlich war vor mir ein Pier mit einem 300 Fuß Schiff. Am verbliebenen Ende des Anlegers machten wir auch fest und gingen schlafen. Am nächsten Morgen fand ich heraus, dass unsere Haushaltsschere auf dem Regalbrett hinter der Schottwand unseren Kompass um ca. 10 Grad ablenkte. Festgemacht hatten wir neben der Arctic Explorer, einem „Piraten", der in Seenot geratene Schiffe abbirgt und einkassiert. Beinahe hätten wir ihn gerammt und höchstwahrscheinlich sofort versenkt. Weil wir in Zukunft nicht noch andere in eine solche Gefahr bringen wollten, tauschten wir gleich unseren defekten Depthsounder aus.

Der Kran setzte uns neben einem 29 Ft. Einrumpfboot ab, an dem ein junges Paar einen Riss am Ruderlager ihrer LORAX laminierte. Gabriela staunte, als sie Dan anschaute und vermutete, dass, wer so gut aussehe, bestimmt schwul sei. Dan und Lindsey erzählten uns sie kämen aus New Jersey, wo Dan sein Herren-Frisörgeschäft verkaufte, um künftig im Süden zu leben. Sie wunderten sich warum wir so lachen mussten und Gabriela erklärte es ihnen mit rotem Kopf.

Weihnachten war wirklich beschaulich. Niemand sonst war mehr unterwegs als wir direkt am Intracoastal ankerten. Wir beobachteten die Seevögel, und sie uns. Wahrhaft himmlische Anteilnahme an zwei Weißen aus dem Morgenland - von hier aus gesehen. Dem Termin Wintersonnenwende angepasst, ein besinnlicher Rückblick auf die vergangenen Wochen. Im Vergleich zum Rheintal verhielt sich diese Landschaft wie ein fotographisches Negativ. Hier konzentrierte sich der menschliche Gestaltungsdrang auf einzelne Spots innerhalb geschonter Natur. Keine Strassen, Brücken, Hinweisschilder, Uferbefestigungen und Hochspannungsleitungen. Dann taucht, fast unvermittelt, wieder einmal eine Stadt mit allen Errungenschaften moderner Zeit auf, und wirkt in dieser Abgeschiedheit wie ein Antipode zur Oase. Im

Rheintal dagegen existiert fast nur noch die Kultur-landschaft. Kein Quadratmeter, der nicht schon seit Jahrhunderten mehrfach umgedreht wurde. Selbst die urwüchsig erscheinenden Rheinauen wurden vormals bewirtschaftet und erinnern sicher noch lange an eine gestaltete Parklandschaft für Ausflügler auf Inline-Skatern. Eines Tages einmal wollte ich ein paar Fotos von Gabriela auf ihrer Harley Softtail vor wildromantischer Kulisse in der unberührten Südpfalz machen. Wir brachen das Vorhaben ab, weil kein Ort dieser Art ohne die gleichzeitigen Scha-ren gaffender Leute dafür zu finden war. Kaum steckt man in Deutschland die Nase vor die Tür, steht man unter Beobachtung. Das gefiel uns hier schon weit besser. Und wenn einem mal der Sinn nach Trubel ist, es gibt sie hier ja schon noch, die geschäftigen Zentren mit den vielfältigen Angeboten - aber eben nur der käuflichen. Silvester verbrachten wir auch vor Anker, diesmal aber schon in Südflori-da, und noch ein paar Tage später fanden wir uns inmitten urbaner Umtriebigkeit, in der City Marina von Ft. Lauderdale, wieder. Diese Stadt wurde auch das Venedig von Florida genannt und war die Heimat von 40000 Booten. Die Möglichkeiten zur Bootsaus-rüstung erschienen grenzenlos. Legendär auch der Ruf von „Sailorman", dem größten Händler ge-brauchter Nautikteile weltweit. Hier war der richtige Ort um PIXEL von seiner früheren Nutzung als An-gelkahn zum seriösen Fahrtensegler umzurüsten. Ein Haufen idiotischen Ballastes wie PTFE(Teflon)-Gußkochgeschirr, Messerblock, Land-Stromanschluss und Kaffeemaschine, flogen raus, und sinnvolles Equipment hinein: Grosse Batterien, Windgenerator, GPS, Kurzwellenempfänger und Edelstahl-Topf und -Pfanne.

Zusätzlich mit reichlich Proviant versorgt, ging es danach ans Testen der Segeleigenschaften in die Florida Keys. Endlich kein Dröhnen des uralten Johnsons mehr, nur noch das Patschen und Gurgeln der stark beladenen Rümpfe. Unter Motor waren knapp 6 knots drin, unter Segel auf Anhieb satte sieben. Im Geiste ging ich die Ausrüstungsliste noch einmal durch, was wir vielleicht noch entbehren könnten. Gabriela deutete meinen Blick sofort richtig und versicherte, dass sie wirklich allen Inhalt dieser Riesentasche unbedingt brauche, und es sich nicht ein Stück an Unnötigem darin befände, und überhaupt, das mit dem Zivilisationsmüll sei doch wohl eine Frechheit. Schließlich würde ich ja auch erwarten, dass sie in der Bar geschminkt und in adretter Kleidung erschiene, damit wir nicht ganz wie Penner wirkten, wo wir doch immer und überall das kleinste Boot seien. Das saß. Nie hatte sie sich darüber beschwert, dass PIXEL vielleicht doch etwas klein sei, um dauernd darauf zu wohnen, aber jetzt musste ich ihr schon zustimmen, nachdem alle Ausrüstung untergebracht und die Vorräte verstaut waren. Viel Platz stand für uns nicht mehr zur Verfügung. Im Brückendeck, das war der Bereich zwischen den Rümpfen, befand sich eine Liegefläche von 2,20 m mal 1,45 m. Am Kopfende ein Tischchen mit zwei gegenüberliegenden Sitzplätzen und einem zweiflammigen Propankocher. In den Rümpfen waren auf einer Seite ein WC mit Waschbecken von Hundenapfgröße, und auf der anderen eine kleine Ablage mit Minispüle. Den verbliebenen Rest, bei gerade mal 6.9 m Länge und 3 m Breite, nutzten wir als Stauräume. Einzig das Cockpit war recht großzügig. Alles in allem ein segelndes Doppelbett.

Zu segeln war PIXEL wie ein Dingi, wendig und lebhaft. Allerdings war sie mit ca. 1.5 Tonnen kein Leichtgewicht mehr bei der Größe, was auf ihre etwas betagte Konstruktion zurückzuführen war. Schließlich gehörte sie zu den ersten Generationen an Katamaranen im Serienbau, und fiel daher etwas übersolide aus. Zusätzlich hatte sie noch zwei durchaus praktische Steckschwerter, die den Tief-

gang von 120 cm, durch Hochziehen auf 45 cm, verringern konnte. Natürlich war dann nicht mehr vernünftig zu segeln, aber zum Anlaufen von verschwiegenen Buchten unter Motor war das prima. So konnten wir auch nach Elliott Key in der Biscayne Bay, das nur mit dem Boot zu erreichen war. Sie stand unter strengem Schutz und zu deren Aufsicht gab es eine Ranger Stadion. Es waren sanitäre Anlagen mit erfrischenden Süßwasserduschen vorhanden und kostenfrei zu nutzen. Die Sensation indes war die Tierwelt: Sie konnte sich völlig frei entwickeln. Mit den Rastplätzen der Seevögel, den Insekten, Spinnen und Reptilien. Die lebhaft wuselnden, ungiftigen, rotbraunen und schwarzen Schlangen, krochen uns fast über die Füße. Absolutes Highlight waren für mich aber die Lobster. Wenn ich im flachen Wasser meine Hand den Steinen näherte, kamen sie aus allen Fugen hervor und befühlten mit ihren Antennen meine Finger. Prächtige Kerle - etwa so in meinem Alter - hatten ein so unbefangenes Interesse und Sorglosigkeit gezeigt, wie es wohl nur der strickte Schutz vor dem Menschen möglich machen konnte. Es ist mir sowieso unbegreiflich, wie man solch ein Tier überhaupt töten und einfach aufessen kann. Eine herrlich ursprüngliche Insel, wie sie allesamt vor 50 Jahren einmal ausgesehen haben mochten, und das in direkter Sichtweite zu Key Biscayne im Norden und Key Largo im Süden. Kaum zu glauben, dass in gerade mal 5 km Abstand vom Touristenstrom eine solche Welt existieren konnte, und nur deshalb, weil sie ausschließlich auf dem Wasserweg zu erreichen war.
Wir beglückwünschten uns.

Meinem Vater hatte ich versprochen zu seinem Geburtstag Ende März zurück zu sein, und so verbrachten wir zwei Monate in den Keys mit Relaxen, ohne uns allzu weit vom Flughafen zu entfernen. Mitte März suchten wir dann in Ft. Lauderdale eine preiswerte Marina auf, verriegelten das Boot, und flogen nach Frankfurt zurück. Ein Schock: Keine Blätter an den Bäumen, alles grau in grau. Ein schwarz-weiß Film?

Der Geburtstag war wie sonst immer. Die Dinge, über die man sich so unterhielt, waren die ewig selben. Wie sollten sie sich auch verändern? Wenn die inneren Scheuklappen das lineare Denken vom Träumen gänzlich separieren, bleibt die Phantasie in Ordnern in der Buchhaltung, und Erlebnisse werden zur abgehefteten Bilanz. Somit beschränkten sich die Fragen auf konkrete Vorhaben: Zunächst wollten wir die Bahamas näher kennen lernen, um dann weiter zur Dominikanischen Republik zu fahren. Dort hofften wir an der Nordküste eine angenehme Bucht zu finden, wo wir uns vielleicht auch eine Hütte zulegen könnten. Unsere PIXEL war ja ein bisschen klein ausgefallen und wir hatten deshalb schon zu Anfang eine zusätzliche Wohnstätte im Hinterkopf behalten. Zuerst aber mussten wir eine Gegend dazu finden. Der Süden der Dominikanischen Republik gefiel uns landschaftlich nicht so sehr, in Cuba gab es u.a. das lästige Versorgungsproblem und Puerto Rico war mir zu US geprägt, zu übervölkert und außerdem für unsere PIXEL schwer zu erreichen, weil sie bei Seegang kaum gegen den Wind aufkreuzen konnte. Aus demselben Grund fielen auch die kleinen Antillen aus, wobei es uns ohnehin nicht zu reinen Frottee-Stränden zog.

Zu berichten hatten wir noch, dass unser Außenborder kurz vor unserer Abreise wahrscheinlich einen Kolbenfresser hatte und am Ende war. Ein Ersatz würde ein ziemliches Loch in unsere Reisekasse reißen, schien aber unumgänglich.

Wir trafen uns noch mit Bekannten in einer Kneipe und hatten die seltsamsten Fragen zu beantworten: Ob wir denn eine Weltumsegelung vorhätten? Warum wir das Boot nicht in Deutschland gekauft hatten und was wir sonst so tun wollten?

Wir beantworteten brav alle:

Eine Weltumsegelung sei etwas ganz anderes. Das täten Leute die meist aus ihrer Heimat abfahren mit dem Ziel, da auch wieder anzukommen und um sich wegen ihrer sportlichen Leistung zuhause feiern zu lassen. Dies erfordere eine Planung wie zu einer Mondlandung und das Equipment müsse auch bis zum Wiedereintritt funktionieren. Manche nehmen Dosenbrot und Wurst zur Versorgung über den gesamten Reisezeitraum mit. Und falls eine Wellendichtung versagt, besitzen sie einen Satellitentelefonvertrag zur Ersatzteilbeschaffung mit Abrechnung über die Hausbank.

Allein die Sicherheitsausrüstung käme so teuer wie der Grundpreis unserer PIXEL. Auch sei ein Boot für eine Ozeanüberquerung mit soviel Ausrüstung bestückt, die wir in unserem Fall dann nicht mehr brauchen würden, da wir beabsichtigen in unserer Zielregion zu bleiben. Gabriela und ich wollten Zugvögel sein, die im Sommer in der Pfalz arbeiten und im Winter in der Karibik kreuzen. Dazu sind in beiden Gegenden brauchbare, einfache Behausungen und eine preiswerte Flugverbindung notwendig.

Vielleicht würden wir irgendwann nur noch zu Besuch hierher kommen, aber das müsse sich dann so ergeben. Wir wären ja nicht auf der Flucht, betonten wir, oder unterlägen irgendwelchen anderen Zwängen. Wir bieten keine Angriffsflächen, wir gehen keine Abhängigkeiten ein und können allem ausweichen, ist eher unsere Devise. Flexibel möchten wir bleiben und ein Maximum an Ungebundenheit genießen. Wir können es uns sogar erlauben an allen öffentlichen Belangen völlig uninteressiert zu sein, ohne dadurch irgendwelche Nachteile zu erleiden.

Ich lese keine Zeitung mehr, verfolge keine Radio-, oder Fernsehnachrichten und gehe auch nicht zur Wahl. Wählen können wir ohnehin nur die Gutsverwalter, nicht aber die Gutsherren.

Dem Fernsehen insgesamt entnehme ich nur noch Natur- und Reisebeiträge und die Wettervorhersage. Politik, Kultur und Gesellschaft interessieren mich nicht mehr. Die Sachzwänge in der Tagespolitik sind so groß, und der Veränderungsspielraum in Zeiten der Globalisierung so klein, dass in der Wirtschaft ohnehin alles vorgegeben ist. Und bei den wichtigen Dingen, die noch entscheidbar wären, wie die Art der Wiedervereinigung, oder der Einführung des EURO, der EU Osterweiterung und EU – Verfassung, hat es außerdem niemand für nötig befunden mich zu befragen und muss auch daher feststellen, dass ich keinerlei Einfluss darauf habe. Warum soll ich mich dann damit beschäftigen?

Demokratie ist etwas völlig anderes, als die vorherrschende parlamentarische Demokratie. Diese ist eher eine Art anonymer Feudalismus mit den Verwaltungs-Beamten als Nachfolger der früheren Lehnsherren. Ich bin ja selbst kein Teil der Oligarchie, und entziehe mich seiner Gewalt soweit möglich. Über diese Abkehr von der Gesellschaft bin ich aber gar nicht traurig, denn ich habe dafür die Freiheit, dahin zu gehen wohin ich will, die Beamten müssen aber hier bleiben. Dennoch will ich nicht Auswandern, denn das bedeutet das Einwandern an einem anderen Ort und in eine andere Gesellschaft. Das würde aber wieder ähnliche Abhängigkeiten nach sich ziehen, die ich künftig unbedingt vermeiden will. Außerdem sehe ich keinen Grund, mit Aufgabe meines Bürgertums, den Staat nach Alledem aus seiner Verantwortung zu entlassen. Einfaches Aussteigen genügt mir. Die einzigen Nachteile dabei liegen im Leben am Rande der Gesellschaft und Abseits ihrer Wertschätzung, was aber zwischenzeitlich auf Gegenseitigkeit beruht.

Alle Gesellschaften schwören ihren Nachwuchs in den Schulen auf Systemkonformität ein, und geben sich erst dann zufrieden, wenn alle denselben tendenziösen Wissensmüll verinnerlicht haben. Jede Gemeinschaft huldigt seinen Idealen und misstraut den Zielen der Anderen, und besonders denen seiner eigenen Abtrünnigen. Richtig abgegrenzt behält man aber manche Vorteile seines Herkunftslandes, ohne die Nachteile einer partiellen Entmündigung zu erleiden. Es ist wie ein Geschäft, oder eher ein Tauschhandel: Leistung und Gegenleistung. Einen Vorschuss gibt's nicht mehr. Auch nicht für das Versprechen eines sorgenfreien und angenehmen Lebens. Der Preis der Abhängigkeit ist mir zu hoch. So war es für uns z.B. besser auf ein Auto lieber ganz zu verzichten, als den dauernden Ärger, den so eine alte Gurke bei den Behörden mit sich bringt. Nachdem wir ohnehin nur im Sommer hier sein wollen, tut es auch ein simpler Roller.

Europa rentierte sich nicht mehr für uns. Warum sollten wir unsere Leben der Produktion und dem Konsum von Dingen widmen, die uns nichts bedeuten? Europa hat seine Blütezeit längst hinter sich und lebt eher noch vom alten Image. Selbst wenn sich die europäischen Wirtschaften durch den Handel mit China vorübergehend erholen und die Menschen wieder etwas mehr Geld haben, was soll es ihnen nutzen?

Mit einem Mehr an Geld kann ich nicht wirklich etwas anfangen. Oder kann ich etwa ein Motorrad zusammenbasteln und fahren, oder ein Haus bauen, wie es mir gefällt? Ohne Genehmigung, noch nicht einmal einen einfachen Kamin, der dann partout nicht von mir selbst gekehrt werden darf. Wozu soll denn das Geld noch gut sein, wenn alles, wofür ich es ausgeben möchte, verboten, oder so reglementiert ist, dass dadurch meist der Witz weg ist.

Geld braucht man nur noch zum Bedienen ständig neuer Vorschriften, zum Wohle der Wirtschaft und Verwaltung, wie vielleicht künftig noch Nummernschilder und Helmpflicht für Fahrräder, und Kinderwagen-Maut in Fußgängerzonen.

Europe is finished. Die Natur ist ebenfalls enttäuschend. Ein armseliger Flaum von spärlichem Wirtschaftswald zwischen ausgedehnten Ackerflächen und Weiden. Kulturlandschaft nennt man die Agrarwüsten. Das einzige Bemerkenswerte in Europa sind vielleicht noch die Städte, wenn man ein urbaner Mensch ist. Paris, Madrid und Berlin sind Orte, wie man sie in der Welt so nicht mehr findet, aber deren Glanz auch schwindet. Früher war Berlin eine Stadt die auch mir gefiel. Vom Rest der Republik zwar subventioniert, bot sie aber gerade dadurch den kleinen und meist jüngeren Leuten, eine Menge Lebensart und die Chance zur eigenen Kleinkunst- und Musikszene. Im erfrischenden Gegensatz zur höfischen Musik und Kunst, die dem modernen Untertanen, leider immer noch, als das Richtmaß für Kultur schlechthin aufgenötigt wird. Nach Wiedervereinigung und Hauptstadt"wahl" fielen dann auch leider genau jene Beamten und Kulturbevollmächtigten darüber her, die es auch in 40 Jahren nicht schafften aus Bonn etwas zu machen. Das Resultat wunderte mich nicht: Die Bauten sind beachtlich, der Erlebniswert eher gering.

Letztlich unterscheiden Gabriela und ich uns gerade darin von unseren Bekannten, dass wir eher Erlebnis- denn Besitzorientiert sind. Für die Allermeisten ist der materielle Besitz das Wichtigste. Für uns unbegreiflich. Eine ausgeprägte Sammelleidenschaft von allem möglichen Kram, ist vielleicht eine Folge der Anpassung an die strengen Winter, mit der Notwendigkeit Vorräte anzulegen. Kaum ist ein neues Produkt auf dem Markt, fragt sich jeder, ob er es nicht irgendwie gebrauchen könne. Diese Frage nagt am Hamstergemüt, und es stellt sich erst dann Erleichterung ein, wenn man irgendeinen Bedarf für sich konstruieren kann. Aber wer braucht denn schon einen Tamagotschi, oder den neuen Lapsus von Hondo?

Das Erleben, die Erkenntnis und die Erfahrung sind es doch, was den Menschen selbst ausmacht und seine Persönlichkeit formt. Doch nicht der Besitz eines Autos oder einer Schrankwand in Eiche brutal. Natürlich braucht man eine Menge Dinge, auch ein Auto. Aber ich kaufe mir doch nicht mehr als das notwendigste Fortbewegungsmittel, solange ich nicht noch daran sparen muss, was mich als Mensch selbst weiterbringt. Ich sehe es genau diametral zur üblichen Auffassung: An einem materiellen Erwerb freue ich mich nicht lange, meist kürzer sogar, als seine Haltbarkeit ist. Ein besonderes Erlebnis behalte ich aber mein Leben lang. Außerdem ist es die Summe meiner Erlebnisse, was mich als Mensch ausmacht, und nicht alle meine je gekauften T-Shirts.

Folgerichtig lässt mich diese Überlegung auch den weit verbreiteten „Jugendwahn" sehr distanziert betrachten. Klar hat man in seiner Jugend mehr Kraft, Gelenkigkeit und vielleicht höhere Widerstandsfähigkeit. Aber ein Kind besitzt noch kaum eine Persönlichkeit, die durch Wissen und Bildung erst im Laufe des Lebens entstehen muss, und sich stetig vergrößert, sofern neue wesensbildende Erkenntnisse hinzukommen. Denken ist doch in erster Linie einmal eine Gedächtnisleistung, weil ohne die Verknüpfung von bereits gespeicherten Vergleichsoperanten kein vernünftiger Denkprozess vorstellbar ist. Nur jemand, der nichts anderes als den üblichen Wissensmüll verinnerlicht, wird den Wert seiner statistischen Restlebenserwartung höher einschätzen, als den seiner - wenn überhaupt vorhandenen - Individualität. Das Einzige, das dann einen Wert besitzt, ist nur die Chance, dass vielleicht irgendwann einmal etwas von Wert entsteht.

Worin soll denn dann der Vorteil der Jugend überhaupt bestehen? Wenn es letztlich nur die Körperkraft ist, nutze ich lieber Hebelstange und Flaschenzug.

Alle unsere Bekannten besaßen, aus unserem Blick, einen fast identischen Erfahrungsschatz, und stellten deswegen immer die gleichen Fragen. Was wir den ganzen Tag so täten? Ob wir uns denn nicht langweilten?

Als Antwort beschrieben wir gerne einen ganz normalen Tagesablauf in den Keys: Nach der kurzen Dämmerung und Sonnenaufgang war Aufstehen so um sieben. Wasserkessel auf den Propankocher und Tee in die Thermoskanne. Milchpulver, Süßstoff, Toastscheiben, Margarine, Käse usw, bis das Tischchen voll war. Nach dem Frühstück auf die Hahnepot zur Morgentoilette. Das waren die Verbindungsleinen von unserem Ankerseil zu den Bootsrümpfen. Die beiden Leinen vereinigten sich in einem Knoten knapp unter Wasser. Darauf konnte man sich prima setzen und sich mit einem Klecks Shampoo einseifen. Zum Abspülen ließ man sich einfach umfallen. Wieder an Bord geklettert, wurde mit ein wenig Süßwasser nachgespült und abgetrocknet. Das Aufwischen eines Badezimmers erübrigte sich.

Nach dem Ankleiden von Shorts und T-Shirt, ab ins Dingi - unser knallrotes Gummiboot - und an Land paddeln. Wir hatten eine Stelle an Key Largo gefunden, wo wir über einen öffentlichen Weg an Land konnten, was in den dicht bebauten Keys nicht selbstverständlich war. Nach einem 3 km Fußmarsch entlang der Strasse, konnten wir ein Shopping-Mall erreichen. Wir hatten Glück, denn es befand sich darin ein WINN-DIXIE Supermarkt, der über ein gutes Sortiment, auch an Gemüse und Salaten, verfügte. Aus Deutschland hatten wir eine Einkaufskarre, wie sie da eher von älteren Leuten genutzt werden, mitgebracht, wofür uns andere Boaters mit neidischen Blicken bedachten. Darin verstauten wir unsere Einkäufe und zerrten ihn über den Straßenrand zurück. Bis alles im Dingi war, und auf Palmettos (so nannte man da die Kakerlaken) untersucht, war es bereits über Mittag. Falls wir zusätzlichen Ballast in Form von ein paar Dosen Bier mitschleppten, so waren diese nun wohltemperiert. Unser Ankerplatz war natürlich auf der wind abgewandten Seite der Insel, wodurch der Windgenerator auch nicht die Menge an Elektrizität liefern konnte, um die Kühlbox dauernd zu betreiben. Der Wunsch nach einem richtig kalten Getränk war nur dadurch zu befriedigen, dass wir Anker auf gingen und die nächste Bar mit Anleger 2 sm entfernt besuchten, was wir etwa einmal in 2 Wochen taten. Das war übrigens jene Kneipe in der auch Teile des Kino-Films Key Largo gedreht wurden. Damit sich unsere Anreise lohnte, hatte ich auch gleich etliche Pints dieses bierähnlichen Gebräus reingeschüttet, was mir aber nicht so Recht bekam. Unsere Abfahrt wurde daher auch mit einigem Interesse verfolgt. Zum Ablegen musste ich mit einem beträchtlichen Seegang auf dem Steg kämpfen, der sich seltsamerweise sofort legte, als ich das Boot betrat. Als ich sicher war, dass von den schwankenden Häusern am Strand keine Gefahr mehr ausgehen würde, zog ich mich in die Kajüte zurück und überließ Gabriela das Ruder. Natürlich nur um ihr mein grenzenloses Vertrauen in ihre nautischen Fähigkeiten zu demonstrieren.

Meist verbrachten wir aber die Nachmittage mit der Beobachtung von Seevögeln und Pfeilschwanzkrebsen, und danach der Zubereitung des Abendessens. Nach Sonnenuntergang gab's Musik aus der Boom-Box, lesen oder schmusen. An Tagen ohne

Einkaufstour, segelten wir auch mal zu anderen Bade-, oder Angelplätzen, obwohl da meist schon alles leer gefischt war. Wenn aber die Propangasflasche, oder die Wassertanks zur neige gingen, wurde das gleich eine Tagesreise zur nächsten Tankstelle, was wir noch mit Fotos entwickeln und Müll wegbringen, u.ä., verbanden. Am liebsten ankerten wir aber weit entfernt von Behausungen, und wenn wir auf dem geräumigen Vordeck den Sonnenuntergang genossen, konnte es dort anschließend heftig werden, denn wir gehören eher weniger zu den Kuschelerotikern.

Meistens provozierten unsere Beschreibungen am Ende die Frage, ob wir denn so den Rest unserer Tage verbringen wollten? Unsere Gegenfragen, wodurch ein Daseinserfolg in Deutschland zu erreichen sei, und was in der Gegenüberstellung zu unserem Entwurf an Erkenntnissen zutage zu fördern wäre, führte dann schon weiter:

Der Regelanspruch des deutschen Staates ist total und betrachtet alles was nichts kostet als subventioniert, und erlaubt deshalb dem einzelnen Bürger die Nutzung seiner natürlichen Umgebung nur, wenn er dafür zu zahlen imstande und bereit ist.

Meine Auffassung ist dazu konträr:

Schon ungefragt als Bürge für den Staat geboren, und mit der eingeforderten Akzeptanz der grundlegenden Normen bereits in Vorleistung getreten, sollte auch der Staat in der Pflicht sein um seine Schuld zu begleichen. Seine Organe sollten höflichste Zurückhaltung in allen Einschränkungen seines Souveräns üben. Die erwünschte Konsequenz wäre eine Art Beweislastumkehr, in der die Bürokratie bei allen Vorhaben immer die Zustimmung der Betroffenen einholen müsste. Die Effizienz des Staatswesens wäre dann auf ein unbedingt nötiges Minimum reduziert und gäbe seinen Bürgern den Raum zur eigenen Entfaltung zurück.

Zum Beispiel dürfte der lächerlich geringe statistische Anteil von unter 1% technischer Mängel als Ursache für KFZ-Unfälle, nie zu diesen überteuerten präventiven TÜV-Untersuchungen führen. Zumal hierin der häufigste technische Mangel als Unfallverursacher, der geplatzte Reifen ist, dessen innerer Zustand ohnehin nur durch Röntgenuntersuchungen feststellbar wäre. Außerdem würde ein Überfahren eines Bordsteines, unmittelbar nach einer solchen Prüfung, die eben attestierte Mängelfreiheit Makulatur werden lassen. Höherer Blödsinn, also.

‚Die Würde des Menschen und sein Revier sind unantastbar‘, könnte für mich eine erste Regel lauten. Denn was soll das für eine Würde sein, ohne eine artgerechte Umgebung? Wie viel Würde bleibt denn einem Tier im Zoo, oder dem Selbst - Arrestanten im genormten Reihenhaus? Mit den schönsten deutschen Worten wird die Welt auf den Kopf gestellt: Ordnungswidrigkeit und Massivhaus. Massiv ist ein Körper, wenn er keinen Hohlraum bietet, und die Pflicht zur Ordnung hat schon längst das Recht zur Entfaltung abgelöst. Nur wer über ein Mehr an Geld verfügt, als für die Befriedigung seiner Existenzbedürfnisse unbedingt nötig ist, kann überhaupt an seiner Umgebung teilnehmen. Die Bereitschaft Geld auszugeben, ermöglicht ein Maß an Freiheit, in Abhängigkeit der Menge des Geldes. Daher versucht jeder möglichst viel davon zu haben, und ein Mangel daran bedeutet aus seinem natürlichen Lebensraum ausgeschlossen zu sein.
Freiheit ist in Münzen umgeprägt.

Sichtbare Auswirkungen?
Eine Gruppe junger Leute errichtete bei Kaiserslautern ein solides Baumhaus auf abgelegenem, aber öffentlichem Gelände. Ihr origineller Treffpunkt ergab zu keiner Zeit Grund zu Klagen oder Beschwerden.

Eine Behörde aber, die sich selbst für zuständig erklärte, verlangte den sofortigen Abriss. Diese jungen Leute müssen noch viel lernen. Sie sollten besser randalierend durch die Kneipenviertel ziehen und Alkohol, Turnschuhe und Bußgeldbescheide konsumieren. Das würde man schließlich von ihnen erwarten, statt friedlich die Natur und sich selbst zu erleben, woran ja nichts zu verdienen ist.

Ein Gesetz"geber", der aber Einschränkungen vornimmt, ohne dass Dritte zu Recht begünstigt sind, ist nur ein Freiheits"nehmer".

In Deutschland kann sich ein Obdachloser nicht eben mal aus Sperrmüll eine Hütte bauen, denn das ist immer verboten. In den Everglades werden ganze Siedlungen dieserart toleriert, und eine wilde Hausboot–Community unweit der Millionärsufer in den Keys, bekam sogar Hausnummern zugeteilt zwecks besserer Postzustellung.

Die Eindrücke der letzten 5 Monate mochte ich jedenfalls nicht missen. Kein normaler Urlaub, oder beruflicher Aufenthalt könnte diese Erfahrungen bringen. Ich lernte Freiheiten kennen, die ich bisher kaum glauben wollte. Wir ankerten tagelang, und hätten es auch Monate tun können, direkt vor den Luxusvillen in Miami und den Keys. Niemand hatte daran Anstoß genommen. Man stelle sich nur mal vor in Hamburg vor den Anwesen an der Außenalster zu ankern. Wie lange würde es wohl dauern, bis man von dort vertrieben wäre?

Diese Villen am Intracoastel und in den Keys übrigens waren ein wahrer Augenschmaus. Früher dachte ich, es müsse doch grauenhaft aussehen, wenn jeder baue wie er wolle. Ganz im Gegenteil. Die gepflegten Anwesen sind vielleicht gerade deshalb so schön, weil sie alle einzigartig sind. Wie eine gewachsene Vielfalt, oder wie ein Garten, in dem ja auch die unterschiedlichsten Pflanzen kombiniert werden.

Muss es denn bei uns überall die preußische Ordnung sein? Und muss man sich auch dann noch daran halten, wenn die Zeit den ursprünglichen Sinn längst überlebt hat?

Ein Beispiel.
Unser Haus in Deutschland, für das wir heute keine Baugenehmigung mehr bekämen, hat ein Flachdach. Es besteht aus Beton, Bitumen-Schweißbahnen und einer dünnen Schicht Kies. Nach 35 Jahren wuchs darauf reichlich Moos und Dachwurz. Als es eines Tages undicht wurde, stellten wir die Leiter an, schaufelten den Kies zur Seite, und schweißten neue Bitumenbahnen darüber. Weniger als 1000 Euro für Bahnen und Propangas, leicht selbst gemacht, und mit jeder weiteren Schicht wird das Dach noch besser. Sturm und Hagel sind außerdem kein Thema.

In Neubaugebieten dagegen werden jetzt sogar schon die Farben der Dachziegel vorgeschrieben, von Dachneigung und Konstruktion ganz zu schweigen.
Wo kommt das eigentlich her?
Über Jahrhunderte wurden Häuser meist als Fachwerk gebaut, weil außer Holzbalken keine bezahlbaren tragenden Teile zur Verfügung standen. So wurde ein Gerippe aus Pfosten für die Wände, und Balken für die Decken erstellt, und die Zwischenräume aufgefüllt. Die Dachkonstruktion setzte sich im selben Stil fort, mit anschließender Schindel-, oder Ziegeleindeckung. In deutlicher Schräge wegen der Schneelasten - durchaus eine konsequente Bauweise.
Heutzutage aber werden Wände aus Stein gemauert, oder gleich wie die Decken betoniert, und tragen auf ganzer Fläche. So entsteht ein geschlossener Kasten. Über diesen stabilen und dauerhaften Kör-

per stülpt man dann noch ein filigranes, verrottungsanfälliges und völlig überflüssiges Holzfachwerk mit zusätzlicher Isolierung und klappernden Ziegeln. Ein empfindliches Kartenhaus gegenüber der Konstruktion des Unterbaus, und wie eine Genehmigung zum Gelddrucken für die Dachdecker. Unsinnig aufwändig, nicht selbst zu reparieren, oder zu erneuern, und technisch überholt, oder gibt es etwa ein Hochhaus mit Ziegeldach?

Wem nutzt oder gefällt die verordnete Eintönigkeit der Neubaugebiete? Ist denn ein Mischwald nicht gesünder und schöner als ein reiner Nadelwald? Wer nicht gerade eine preußische Beamtenseele besitzt ist da in der neuen Welt besser aufgehoben. Das mit den tausend Möglichkeiten stimmt eben noch immer. Ich mag zwar die US-Außenpolitik überhaupt nicht, die Leute schon eher, aber die Freiheiten gerne.

Die Vorbereitung.

Als Nächstes lockten aber die Bahamas, für die wir uns einige Zeit nehmen wollten. Ende Mai flogen wir zurück und gingen daran PIXEL für die kommende Etappe vorzubereiten. Unser Außenborder war wirklich nicht mehr flott zu machen und wir schauten uns nach einem anderen um. Ein gebrauchter, den wir angeboten bekamen, war nicht viel besser als unserer, somit blieb nur ein neuer. Fündig wurden wir bei einem Händler, der uns einen Ausstellungsmotor mit einem äußerlichen Transportschaden deutlich günstiger anbot. Er hatte alles: Langschaft, E-Starter, großer Tank, Zubehör, Stromgenerator und 25 PS. Eigentlich zu viel für PIXEL, aber besser, als zu wenig. Den Originalpropeller bekamen wir noch gegen einen mit geringerer Steigung ausgetauscht, dann wuchteten wir ihn in den Cockpitschacht, wo er gerade so Platz fand. Anschließend überprüften wir die übrige Ausrüstung.

Die Sichtung aller PIXEL - Innereien brachte Horden von Untermietern zum Vorschein. Palmettos und Muddobber. Wir waren im Royal Palm Yacht Basin, und wie der Name vermuten lässt, befanden sich einige Königs-Palmen neben den Stegen. Wir hatten PIXEL zwar so vertäut, dass sie nirgends mit dem Land Kontakt haben konnte, aber flugfähige Biester hielt das natürlich nicht ab. Unsere bisherige Sorgfalt war sinnlos, denn diese Plage kam direkt von den Palmen herüber. Der Name „Palmetto" hätte uns doch misstrauisch machen müssen. Jetzt war mir auch klar, warum dieser schöne Steg im Schatten von Palmen unbelegt war. Und dann noch diese Muddobber. Eine Wespenart, die durch bleistiftdünne Löcher den Weg hinein finden, und dort tennisballgroße Matschkugeln ankleben, die sich zu zementharten Kinderstuben verfestigen. Die unzugänglichsten Ritzen waren auch noch die beliebtesten Baustellen. Es half alles nichts, wir luden das ganze Boot aus und verpassten ihm einen kompletten clean up. Jetzt war ich froh, dass sie so ein nackter, kahler Plastikeimer war, wo man wenigstens an jede Stelle kam. Boote, mit reichlich Holzverkleidungen, sind da echt im Nachteil. Was mir am Bordleben immer besonders zusagte war, dass alles leicht sauber zu halten ist. Nicht wie im Campingdasein mit all dem Sand und Staub. Selbst wenn wir unseren geringen Tiefgang ausnutzten und direkt am Strand parkten, betraten wir das Boot erst über das Wasser, um die Füße abzuspülen. Außerdem packten wir auch alle Einkäufe erst einmal um, bevor wir sie verstauten um Schmutz und Plagegeister fernzuhalten. Aber trotz größter Mühen im Kampf gegen die Palmettos, wurden wir sie nicht wieder los. Wir stellten spezielle Köderboxen auf, und immer wenn ich dachte es wäre die Letzte, fand sich doch noch ein lebloses Exemplar.

So standen wir am Steg und räumten Stück für Stück wieder ein. Leider nutzte ich die Gelegenheit nicht aus, um Gewicht einzusparen, denn wir wollten doch zügig fertig werden und wegkommen, um bald unseren neuen Motor einzufahren. Wir bunkerten Wasser, Lebensmittel, Benzin und Zweitaktöl, bis die Abläufe der Ankerkästen bedenklich knapp an der Wasserlinie lagen. Bei der Konstruktion unserer PIXEL wurde der Nutzung als Hausboot wohl leider zu wenig Beachtung geschenkt, was mir jetzt doch einiges Kopfzerbrechen bescherte. So ließ ich mir ein kontrolliertes Lenzsystem einfallen, indem ich einfach einen Stopfen durchbohrte, ein dünnes Seil hindurch steckte, und mit einem Knoten sicherte. Ich konnte so den Stopfen heranziehen, damit er den Ablauf verschloss. Zum Lösen musste ich ihn nur mit einem Stöckchen nach draußen drücken. In der Marina baumelten somit die Gummistopfen an ihren dünnen Leinen am Rumpf, unterwegs zog ich sie dicht. Ich hatte so oft über deren Sinn Auskunft erteilen müssen, dass ich hiermit ein für alle mal erkläre, was es damit auf sich hat. Und jetzt möchte ich nie wieder was davon hören!

Die andere, ebenso nervende, Frage war: „Did you come over with THIS?" Ich wollte schon ein Schild schreiben, auf dem die Herkunft von PIXEL erklärt wurde, aber ich zog es dann doch vor, einfach die deutsche Flagge zu entfernen. Wir hatten PIXEL beim BSH in Hamburg angemeldet und dann auch das so genannte Flaggenzertifikat erhalten. Damit hatten wir eine deutsche Registrierung und bekamen hier als ausländisches Fahrzeug ein Cruising Permit, mit dem Recht, ein Jahr lang US-Gewässer zu befahren. Viel wichtiger für uns war aber noch, dass wir die Salestax im Broward County, in Höhe von 7% vom Bootspreis, als Ausländer nicht hatten zahlen müssen. Völlig korrekt führten wir also die US-Flagge als Gastlandsflagge und die Bundesflagge am Heck, und unterschieden uns damit äußerlich nicht von Fahrzeugen, die ursprünglich aus Deutschland und über den Atlantik kommend hier einreisten.

Zum Royal Palm Yacht Basin kamen wir von den Keys aus durch Miami über die Kanäle. Ein halbes Dutzend Brücken mit all den Wartezeiten galt es dabei zu passieren. Das wollten wir uns nicht noch einmal antun. Also fuhren wir durch den Inlet raus auf die Florida Straits. Die Betriebsanleitung für den neuen Motor empfahl, ihn bei wechselnden Lasten und Geschwindigkeiten einzufahren, was wir gerne taten. Es war ohnehin fast windstill, als wir mit klargemachten Angelruten, entspannt und nahe der Küste, in Richtung der Keys nach Süden brummten. Es war schon Ende Juni und der Passatwind hatte sich, wie im Sommer üblich, abgeschwächt und war auf einen seidenzarten Ostwind gedreht. Regenschauer wurden jetzt insgesamt häufiger, aber an diesem Tag gab es nur plüschiges Himmelblau. So samtig umhüllt hätten wir uns da aber lieber einige Wolken oder sogar ein wenig Regen gewünscht denn die Sonne strahlte so hell, dass wir die Augen selbst hinter den dunklen Sonnenbrillen zukneifen mussten. Wir konnten kaum auf das glitzernde Meer schauen und auch PIXEL blendete kalkig weiß, dass wir sogar freiwillig in die brutschrank-heiße Kajüte flüchteten. Ich zog auch die Angeln wieder ein, weil mich ein Biss und das Herausholen eines größeren Fisches glatt überfordert hätten, so schlapp wurde ich. Als wir endlich am späten Nachmittag an Miami vorbei waren und in die geschützte Biscayne Bay einliefen, waren wir wie erschlagen. Wir fanden einen günstigen Ankerplatz nahe der Mangroven und schliefen sofort bis in den nächsten Vormittag hinein. Wir waren aber leider zu dicht am Ufer, deshalb plagten uns Moskitos und vor allem die no-see-ums. Das sind winzigste Blut saugende Mücken, die nur aus Stachel und Flügel zu bestehen schienen und zudem durch jedes Fliegengitter passen. So hatten wir eine unruhige Nacht und musste Gabriela danach berichten, dass ich im Halbschlaf sogar ein heftiges Schnaufen zu hören geglaubt hatte, was auch ganz sicher nicht ihr anzulasten sei. Verblüfft berichtete sie mir über das Selbe, allerdings ohne mich sofort als möglichen Störenfried zu entlasten. Wir schauten beide zu den Mangroven hinüber und es wurde uns ein wenig unheimlich. Für die folgende Nacht ankerten wir weiter entfernt vom Land, um endlich die Stechmücken für einen erholsameren Schlaf los zu sein, als wir so um Mitternacht hoch schreckten. Ein Prusten ganz dicht am Boot. Mit einem Griff war meine Brille geschnappt und hinaus. Da sah ich eben noch im Mondlicht eine Wellenspur hinter dem Boot, dann war wieder alles ganz ruhig. Ich kletterte einmal außen herum, konnte aber nichts sehen außer kleinen Windrippen auf dem Wasser. Ich setzte mich still hin und beobachtete die Umgebung. Ich wusste, dass in der nahen Mangrovenwand eine Menge weißer Ibisse saßen, die sich jetzt aber ganz ruhig verhielten. Gegenüber am weit entfernten Ufer von Miami spiegelten sich die bunten Lichter der Stadt und färbten den Himmel darüber purpur. Hoch über uns zog das blinkende Rotlicht eines Helikopters hin. In unserer näheren Umgebung war alles still. Gerade wollte ich wieder hinein, als sich das Wasser genau vor mir aufwölbte. Was war denn das? Wie eine Qualle, oder eine Plastiktüte? Nee, es war ein Delfinrücken. Spiegelnd glatt und mit typischer Rückenflosse, kam er hoch, auf mich zu und tauchte ebenso schnell wieder ab und unter uns durch. Das Boot wippte sogar ein wenig. Das war es also. Ein Delfin, der die kleinen Fische jagte, die sich so gern zwischen unseren Rümpfen versteckten, und beim Atmen dieses durchdringende Geräusch machte. Ich sah Delfine schon öfter, aber dieses angestrengte Schnaufen war mir noch nie so aufgefallen. Nachts klingt wohl alles dramatischer.

Mittag, 1200 Ortszeit, war der Wetterbericht der einsame Eintrag auf dem sonst leeren Terminplan. Den Kurzwellenempfänger eingeschaltet und mit gespitztem Bleistift auf den Beginn der Vorhersage des National Weather Service (NWS) Offshore Forecast, Portsmouth, Virginia, auf 6501 kHz gewartet. Wenn die Computerstimme des Wetterberichts zu unserem Bereich kam machten wir uns getrennt Notizen um sie anschließend zu vergleichen. So wichtig war uns die Wettervorhersage für die nächsten drei Tage. Damit ausgestattet und mit GPS und Kompass, fühlten wir uns auf unserm Boot weit sicherer, als selbst bei besten Bedingungen auf einer beliebigen Autobahn in Deutschland. Wir vermieden immer Passagen die länger als die 3 Tage des Vorhersage-Zeitraums dauerten und kamen dadurch auch mit einem Minimum an Ausrüstung aus. So vorbereitet konnte uns höchstens noch eines der örtlichen Gewitter überraschen. Diese dauern zwar selten länger als eine halbe Stunde, sind aber recht häufig und typisch für Miami und machen sie zur „Gewitterhauptstadt" der USA; was die Reiseprospekte aber gerne verschweigen.

Es war nun fast Mitte Juli und die Sturmsaison hatte begonnen. Der Wetterbericht war daher tägliche Pflicht geworden und auch die Ausweichrouten für den Fall der Fälle festgelegt. Viel häufiger als die Hurricanes sind aber noch die Tropical Depressions oder die Tropical Storms, aus denen sie sich entwickeln können. Zuerst entsteht immer eine Wellenstörung die im Passatwind von Westafrika über den Atlantik herankommt und sich dann manchmal zur rotierenden Depression vertieft. Wenn die Windgeschwindigkeit sich weiter erhöht wird sie zum Sturm oder letztlich sogar zum Hurricane. Grundsätzlich sollte man aber allem weit aus dem Weg gehen, was einen Namen erhalten hat.

Die Erfahrungen mit Andrew 1992 zeigten, dass wir dann das dicht besiedelte Südflorida meiden sollten, weil dann alle geschützten Plätze belegt sein würden. Wir planten daher eine Tour in die Weite der Bahamas, immer in der Nähe von so genannten Hurricane Holes, die wir wie Trittsteine über einen Bach nutzen wollten. Unter Ausnutzung unseres geringen Tiefgangs markierten wir außerdem die Zugänge zu ausgedehnten Mangrovenwälder in denen wir PIXEL sicher zu vertäuen hofften. Mit dem zusätzlichen Vorteil unseren Mast an Bord legen zu können, glaubten wir alles bedacht zu haben, um ungeschoren über den Sommer zu kommen. So tankten wir noch voll und warteten auf ein Wetterfenster.

Südflorida ist wie der schlanke Teil eines Trichters. Man kommt nur schwer wieder heraus. Der Wind kommt das ganze Jahr aus Nordost bis Ost und die Meeresströmung aus Südost. Nur in einer Norder - Wetterlage kommt der Wind zwar aus günstigeren Nord-Richtungen, ist dann aber meist zu stark und weht dem Golfstrom genau entgegen. Das erzeugt ein Wellenchaos das eine Überquerung sogar für größere Yachten gefährlich macht. Es blieb uns also nur abzuwarten für ein Motorsegeln bei leichtem NE, oder sogar unter Motor alleine.

Die Abfahrt.

Zwei Tage waren wir nicht von Bord gegangen. Vorräte, Wasser und Sprit hatten wir für Wochen, nur der Mülleimer war schon wieder voll und zog Wespen und Fliegen an obwohl wir gut 150 m vom Ufer entfernt, in einer offenen Bucht westlich der Landspitze von Cape Florida, ankerten. Es war recht geschützt hier, in 5 Fuß flachem Wasser und mit direktem Blick aus unserem Cockpit auf das gegenüber liegende South Miami. Gut 2 sm entfernt und damit fast am Horizont. Gabriela schaute häufig mit dem Fernglas auf drei südlich von uns in der Nähe des Cuts liegenden Yachten. Sie waren nur noch durch das schützende Korallenriff vom Golfstrom getrennt und warteten wohl ebenfalls auf günstiges Wetter. Den Bug in NE-Richtung im Wind stehend, wirkten sie wie auf dem Sprung.

Mittag. Der Forecast meldete: Wind east ten knots and seas less then 2 ft., für den nächsten Tag. Die weiteren Tage, 10 - 15 kts. und 3 ft. Also morgen. Das Abendessen machten wir etwas früher, dann ließen wir die Luft aus unserem Dingi und bereiteten Fock und Genua, die wir an getrennten Vorstagen angeschlagen hatten, zum Setzen vor. Aus der Erfahrung der Fahrt von Ft. Lauderdale nach hierher ließen wir unser Sonnendach, eine schwere Canvasplane, über dem Baum gespannt. Wir legten uns früh schlafen und standen um halb vier Uhr wieder auf, kochten noch eine Kanne Tee und gingen dann Anker auf. Der Motor brummte auf und nach Einschalten der Beleuchtung von Echolot, Kompass und Positionslaternen, nahmen wir Kurs auf Süd. Wir fuhren geradewegs auf die Ankerlichter der wartenden Yachten zu und dann knapp an ihnen vorbei in Richtung des Cut durch das Riff. Die Leute waren auch schon aufgestanden, sahen unsere Positionslichter näher kommen und beim Vorbeifahren, im Widerschein der gedämpften Innenbeleuchtung, auch uns. Sie unterbrachen ihre Vorbereitungen für die Abfahrt, standen an den Relingen und schauten uns etwas ungläubig nach.

Nur ein paar Fischer in offenen Booten fuhren noch entlang der Riffkante, als wir nach dem Zickzack-Kurs durch die Korallen endlich 90' anlegten. Weit und breit auch kein Gambling-Ship zu sehen, in denen man den spielsüchtigen Amis außerhalb der 5 sm Zone die Schröpfköpfe an die Geldbörsen legt. Zeit für ein Sandwich. Gabriela machte sie immer frisch. Denn wenn man sie vorbereitet, weichen die Tomaten den Toast durch und glitschen über den Käse. Eine unappetitliche Sache, die eher zu einer Autobahnraststätte als zu einer „Yacht" passt. So genossen wir ein adäquates Frühstück, nachdem uns das Echolot seine Bereichsüberschreitung mitteilte und ich es abschaltete. Der Tillerpilot hielt uns stur auf Kurs den ich jetzt auf 100' einstellte. Der Golfstrom hatte uns erfasst, wie uns unser GPS anzeigte und ich hielt daher etwas vor um nicht zu weit nach Nord versetzt zu werden. Es wurde rasch hell und als die Sonne aufging beleuchtete sie die Skyline von Miami Beach als stünde sie in Flammen. Als es noch dunkel war dachte ich, dass sich unter den vielen Lichtern hinter uns auch die vier Segler befinden müssten und war jetzt enttäuscht außer den Hochhäusern überhaupt nichts mehr zwischen uns und Horizont zu sehen. Dann verschwanden auch diese und ich stellte den Tillerpilot wieder auf 90'. Der Strom war auf satte 3kts gestiegen und es hatte keinen Sinn weiter gegenan zu halten, um nicht bald auf der Stelle zu stehen. Kein Wind und keine Wolke, und wenn ich direkt nach unten schaute hatte das Meer die Farbe von dunkelblauer Tinte. Unser Motor summte gelassen und schob uns stetig unserem noch unsichtbaren Ziel entgegen.

Wenn er aber ausfiele, was würde mit uns geschehen?

Ohne Wind wären wir ganz dem Strom überlassen. Wir säßen fest als Fremdkörper auf der Oberfläche dieses riesigen, bewegten Organismus mit ganz eigenem Ziel. Für eine kurze Zeit bedienen wir uns seines Auftriebs und versuchen unbeschadet seinen Rücken zu queren um uns am anderen Ufer erneut festklammern zu können.

Und das sollte dann eine Leistung sein? Dieses Lebenskollektiv Golfstrom wusste nicht einmal etwas von unserer kläglichen Anstrengung. Er würde sich einfach weiter schieben und nebenbei Europa die Wärme bringen, ohne die all ihre Pracht unter einer Eiskruste verschwinden würde. Wir dachten aber nicht an diese gütige Bestimmung und hofften nur diesem fremden und unergründlichen Monster wieder zu entkommen. Weder der Luftraum über uns noch das Wasser unter uns konnten jemals Lebensräume für uns sein, denn eigentlich existieren wir auf Lebensflächen statt Räumen. Wir atmen zwar die Luft und haben auch Wasser in uns, aber für Wesen wie uns gab es hier nur den unmessbar kleinen Spalt dazwischen. Wir tauchten an der Grenze zwischen Beiden, in Beide ein. Wie ein kümmerlicher Bewuchsfilm der den Schutz der festen Unterlage sucht, weil er zur Räumlichkeit nicht taugt. Die Wellen des Meeres waren aber gleichzeitig die Wellentäler der Atmosphäre. Eine Haltlosigkeit die schwindelig machte. Wir duckten uns auf die Grenzschicht, um der verwirrenden Erfahrung vom Verlust der Basis zu entgehen. Ist nicht sogar Erhabenheit in einem Wert aus dem Abstand zu unser aller Nullniveau beschrieben?

Luftraum und Meer sind Lebensräume die mit Entfernung von der gemeinsamen Grenze immer lebensfeindlicher für uns werden. Die höchsten Gipfel und die tiefsten Gräben wecken Bewunderung über die Leistung und den Mut sie zu bezwingen und in das Feindliche vorzustoßen. Damit verliert aber unser Ursprung an Wert und Respekt: Das Land. Es ist viel mehr als nur ein Niemandsland zwischen Wasser und Luft, sondern im wahrsten Sinne die schützende Grundlage unseres Daseins.

Wie selbstverständlich gehen wir mit dieser Kostbarkeit um? Weniger als ein Drittel der Erdoberfläche sind Land und eine Menge davon liegt auch noch in ungünstigen Klimaregionen.

Wie wertvoll dieser Schatz ist merkt man sofort, wenn der feste Boden nicht mehr greifbar ist. Ich wohne gern auf dem Boot, schlafe prima darin und habe meine persönlichen Dinge dort. Für all das ist mir die Erde sogar zu schade. Ein reines Wohnhaus für die Zeit der Bewusstlosigkeit in die Landschaft zu stellen, und diese noch mit planierten Schneisen zu verbinden, ist eigentlich eine Verschwendung. Wenn ich in einer Bucht ankere, bewege ich mich an Land auf schmalen Pfaden fort. Für große Entfernungen, verlege ich gleich das ganze Boot und nachdem ich Anker aufgegangen bin hinterlasse ich keinen Hinweis auf meinen Aufenthalt, und es bleibt auch keine Delle im Wasser zurück. Letztlich gilt mein ganzes Interesse nur dem Land und wenn überhaupt seiner besten Nutzung als Naturgarten, und ist allein der Grund jeder Fahrt über das Meer.

Wo hat ein Zugvogel sein Zuhause? Ist es für den Storch sein Winterquartier in Afrika, wo er seine meiste Zeit verbringt? Oder wo er zur Welt kam und flügge wurde in einer vergleichsweise kurzen Periode des Nahrungsüberangebotes?

PIXEL hatte ein Freibord von nur einem dreiviertel Meter und bot dennoch Platz für ein eigenes Universum auf allen Überfahrten. Als ich mich einmal darüber lehnte um mir die Hände zu waschen, schaute ich auf ein Stück des Kiels. Die kleinen Furchen im Anstrich, die zeigten wo ich mit der Bürste nicht besonders sorgfältig war, waren lupenrein im ungetrübten Wasser zu sehen. Kleine Wellen und eine Blasenspur in der Bugwelle ließen Lichtreflexe über den Rumpf zittern. Zentimeter daneben gab es nur konturloses Tiefblau. Keinen Widerstand für den suchenden Blick. Nichts zu fixieren, transparent und trotzdem massiv. Von einer schimmernden Oberfläche begrenzte Leere; das kompakte Nichts.

Stunden waren schon um und noch nicht die Hälfte erreicht. Wir hatten zwar keinen Hunger, aber damit die Langeweile nicht nervös machte, mussten wir etwas tun. Ohne intensiver darüber nachzudenken fiel uns nur mal wieder das Essen ein. Die Vorbereitungen dazu gerieten jetzt aber ein bisschen Surreal. Sonst hatten wir uns dabei nicht dauernd umgesehen und jetzt, wo es nichts zu sehen gab, benahmen wir uns als wären wir unter heimlicher Beobachtung. Eine gute Idee war die Plane aufgespannt zu lassen. Neben dem Sonnenschutz beruhigte sie mit dem Gefühl von Geborgenheit und nicht wie präsentiert obenauf zu kauern.

Geduldiges Warten auf die Erleichterung. War ich erst einmal losgefahren, konnte ich es nicht mehr unbelastet genießen. Ich freute mich immer auf eine Tour, auch wenn ich anstrengende und schwierige Umstände erwartete. Einmal unterwegs kam aber schnell die Unruhe. Das Verantwortungsgefühl stritt mit der Unbefangenheit. Ich konnte auch unterwegs nicht richtig schlafen, höchstens dösen. Es war eine umfassende Anspannung, von der ich noch nicht einmal sagen konnte ob sie angenehm oder unangenehm war. Sie war einfach da und stellte alle Sinnesreize auf höchste Pegel. Ganz nebensächliche Geräusche am Boot bekamen unheilvolle Untertöne und überraschende Ausblicke bescherten euphorische Aufregungen.

So war mir plötzlich als würde es hinter mir regnen, und als ich ein bisschen erschreckt über die Schulter sah, war da ein Schwarm fliegender Fische die eben wieder eintauchten. Ein warmes Glücksgefühl entfaltete sich und wurde im nächsten Moment vom Herunterscheppern eines leeren Plastiktellers zerknüllt.

Ich bin nicht gerne ausgeliefert. Wenn ich mich der Natur anvertraue, bleibe ich doch vorsichtig. Wir hatten keine Rettungsinsel, keinen Dingimotor als möglichen Ersatz für den Außenborder und keine EPIRB - Funkboje. Falls PIXEL leckschlagen würde hoffte ich, dass das halbaufgeblasene Schlauchboot im Heckstauraum und die Ausschäumungen in den Rümpfen ein Absaufen verhindern könnten. Sonst besaßen wir nur Schwimmwesten, Signalraketen und unser VHF-Funkgerät. Aber würde uns das viel nützen? War ich doch zu leichtsinnig?

Die halbe Strecke lag hinter uns und der Wind lebte ein wenig auf und kam günstig aus NE. Ich beschloss die kleine Fock zu setzten, weniger um die Fahrt zu erhöhen als die Bootsbewegungen zu dämpfen. Aber als ich die Steckschwerter absenkte klapperten sie wegen der Wellen so stark in den Kästen, dass ich das Vorhaben aufgab und sie wieder hochzog. Die Wellen waren nur 2-3 Fuß hoch, schienen aber aus allen Richtungen gleichzeitig zu kommen. Schon schwer genug sich allein darauf einzustellen und ich hoffte auch weiterhin von Gewittern hier draußen verschont zu bleiben. Bisher war ich nur Halbgas gefahren und PIXEL machte gut 5 knots. Es war gerade Mittag, aber wir verzichteten auf die Wettervorhersage. Die Sonne brannte heiß, es war klar über uns und hatten eine scharfe Kimm. Der Motor lief prima und nach dem Auftanken gab ich etwas mehr Gas. Das Patschen zwischen den Rümpfen wurde deutlich lauter und unsere Fahrt stieg auf geschätzte 7 Knoten. Ganz genau kannte ich unsere Geschwindigkeit nicht, denn unser GPS zeigte entweder nur die Zielgeschwindigkeit oder Fahrt über Grund an. Ich ließ aber unser eigentliches Ziel weit im Süden liegen um mit exaktem Ostkurs schnellstmöglich zu queren. Kurs und Stromrichtung standen daher senkrecht aufeinander und machten es mir deshalb doch möglich die Fahrt durchs Wasser abzuschätzen.

40 Seemeilen hatten wir schon geschafft und ich schaltete in einer kindischen Hoffnung das Echolot wieder ein. Enttäuschung. Es zeigte nur zwei waagrechte Striche, aber ich ließ es trotzdem an. Plötzlich, wenig später und ich schaute gerade noch mal hin, zeigte es eine Sekunde lang 28 ft. dann einen Sekundenbruchteil 36 ft. und ganz kurz 29 ft., um

dann wieder mit zwei Strichen die Überschreitung anzuzeigen. Es sprach auf Fische nicht an und ich konnte mir auch später nie erklären was das war. An der Stelle war es mindestens 600 Meter tief und ein U-Boot hätte ich doch, in so geringem Abstand zu uns, bemerken müssen. Aber eine Fehlfunktion des Echolots war auch wenig wahrscheinlich. Das eigenartige Gefühl verließ mich nicht mehr bis Gabriela nach zwei weiteren Stunden einen schmalen Streifen am Horizont sah. Es war aber nicht unser eigentliches Ziel. In dieser Richtung musste es sich um North Bimini handeln. Wir wollten aber den Cut zwischen Gun Cay und Cat Cay hindurch, weil durch einen Turm leichter auszumachen und daher einfacher. Eine Stunde später sahen wir ihn auch schon und ich stöpselte den Tillerpilot ab um auf Handsteuerung überzugehen. Dieses Gefühl mochte ich nun wieder. Dicht am Ziel nach rund 55 sm tauchte ein neues Land auf und die Aussicht auf ein kühles Bier in einer ruhigen Bucht. Unsere thermoelektrische Kühlbox war die ganze Zeit gelaufen und hatte den Inhalt stark runtergekühlt. Sonst hatten wir sie nie so lange in Betrieb, weil sie doch recht uneffektiv war und eine Menge Strom brauchte. Aber nach einer langen Motorfahrt waren die Batterien sowieso randvoll. Eine richtige Kompressorkühlbox wäre zwar unser Wunsch gewesen, aber der neue Motor und der Windgenerator waren so teuer, dass wir diese Anschaffung auf später vertagen wollten. Ein Fehler, wie sich herausstellen sollte, denn der Windgenerator erzeugte doch nicht so viel Strom wie wir dachten, besonders, da wir ihn nachts nicht nutzen konnten. Er machte einfach zu viel Lärm und verwandelte das Innere unseres GFK-Bechers in eine Glocke. Aber jetzt war das Bier schön kalt und die Verführung sofort eines zu kippen war deshalb groß. Aber da war ich doch eisern. Gerade in der angespannten Stimmung während einer Passage wirkt so ein Schluck wie ein Schlag auf den Kopf. Man tappt dann nur noch wie Toll herum und ist zu nichts mehr nütze.

Das Meer hatte die Farbe von nachtblau auf hellblau gewechselt und die ersten Korallenköpfe waren neben der Einfahrt auch schon zu sichten. Wir peilten genau die Mitte an und rauschten zügig darauf zu. Die Biminis befinden sich direkt am Rand der Great-Bahama-Bank, die meist so um 6 Meter Wasser über sich hat. Die Riffkante fällt zum Golfstrom steil ab, so dass es häufig spannend ist im Tidenstrom rauf oder runter zu fahren. Wir hatten aber Glück und erreichten den Cut bei bester Sicht am frühen Nachmittag und leichtem Flutstrom auf die Bank. Hinein und nach Rechts abgebogen, waren wir schon an der Einfahrt zur Marina der Privatinsel Cat Cay. Die gelbe Einklarierungsflagge hatten wir schon vorher gesetzt, als wir in der Marina festmachten. Wenn jemand meinte die Cote d'Azur sei exklusiv, möge sich mal hier umschauen. Unter den üblicherweise anwesenden Milliadärsyachten wirkten die der Multimillionäre geradezu mitleidserweckend.

Und alles happig teuer. Nur für das Anlegen am Steg zur Erledigung der Einreise-Formalitäten allein, wurden pauschal $ 30 verlangt. Allerdings kostete auch eine Übernachtung mit Benutzung aller Marinaeinrichtungen, wie Duschen/WC und Strom $1.25 pro Tag und Fuß Bootslänge. Nach kurzem Nachrechnen mit unserer Abmessung von 24 Fuß war klar, dass wir über Nacht bleiben würden. Darüber musste auch der Harbour-Master grinsen. Customs, Immigration und die obligatorische Fishing License trieben die Gesamtsumme trotzdem auf über 50 Dollar.

Am folgenden Vormittag, nach nochmaligem Duschen, verholten wir uns zur Honeymoon Bay und ankerten dort schon mittags nach einer kleinen Rundfahrt unter Motor, weil wir zu träge waren unseren Sonnenschutz abzubauen. Den Nachmittag verbrachten wir mit Relaxen und die letzten kühlen Bier schlürfen, als sich gegen Abend die kleine Bucht immer mehr füllte. Schließlich waren es ein Dutzend größere Motorboote, die uns umzingelten. Dabei konnten wir ihren Gesten leicht entnehmen, dass sie es als unverschämt erachteten, dass so ein Segelbötchen die gleiche Ankerkreisfläche beanspruchte wie eine Motoryacht. Das war nicht das letzte Mal, dass man uns fühlen ließ, oder sogar bedrängte, wir seien nicht recht erwünscht. Manchmal fuhr man mit Jetskiern, oder per Wasserski regelrecht um uns herum. Die Welt der Bahamas war zweigeteilt: Die Bahamen entwickelten sich zu einem Volk von Waiters and Waitresses, die den US-Besuchern beflissen jede erbrachte Aufmerksamkeit gegen die begehrten Dollars einzutauschen suchten. Die Segler störten diese einträchtige Verbindung zwischen den weißen Big-Game-Fishing-Massas und ihren schwarzen Dienern nur. Wir hielten uns in Zukunft fern der Hemingway-Immitatoren und ihres Gefolges und erlebten herrliche Zeiten. Aussteigen funktioniert eben nicht innerhalb einer Gesellschaft, jenes feinen Geflechtes von Abhängigkeiten. Der Unabhängige stört da nur.

Am nächsten Morgen war der Himmel mit Stratocumuli bedeckt und das Wasser über der Bank hatte im diffusen Licht die Farbe von helltürkisem Milchglas. Alle Boote um uns trafen Vorbereitungen zur Abfahrt und da wir es nicht eilig hatten, beobachteten wir alles amüsiert. Ein Motor nach dem Anderen wurde gestartet und es verbreitete sich die Stimmung und der Geruch eines Rennspektakels. Es schien als wollte jeder der Erste sein, um endlich in den lang ersehnten Urlaub zu starten. Ohne es zu wissen hatten wir zur Übernachtung das Äquivalent zu einer Autobahnraststätte bei Ferienbeginn aufgesucht. Als die wilde Karawane endlich verschwunden war, konnten wir auf dem Grund der kleinen Bucht sehen was im spiegelnden Sonnenlicht des vergangenen Tages verborgen war: Unmengen an Bierdosen, Schnapsflaschen, alte Schiffsbatterien und Schrott. Irgendwoher musste doch der Name Honeymoon Bay stammen, dachte ich, und vermutete zunächst auch eine nette und romantische Geschichte dahinter. Aus der Zusammensetzung der angehäuften Hinterlassenschaften versuchte ich mir dann das Ambiente einer hiesigen Hochzeitsfeier vorzustellen und war doch recht enttäuscht.

Gegen Vormittag war es immer noch bewölkt und wir entfernten unsere Sonnenplane. Wir setzten die Segel und gingen ohne Motor Anker auf. Ohne Lärm und unangenehme Gesellschaft liefen wir aus der Bucht aus, gingen über Stag und nahmen direkten Kurs auf Chub Cay bei leichtem Nordnordost. In den nächsten Stunden frischte der Wind auf und drehte auf NE. Wir konnten deshalb unseren direkten Zielkurs nicht mehr halten und fielen ab, konnten aber noch gut Höhe gewinnen, weil die Windwellen auf der flachen Bank durch einen günstigen Tidenstrom geglättet wurden. Chub Cay war ohnehin mit ca. 80sm zu weit entfernt als das wir es an einem Tag erreichen konnten und planten uns über Nacht, und weit entfernt von Hindernissen, anzunähern. Die Wettervorhersage berichtete von einer Tropical Disturbance südlich von uns und erwarteten im Laufe des Abends Regen und Wind aus Nordost mit bis zu 25 knots, der später auf Ost drehen sollte. Leider kam es genau so, und ich tröstete mich unter einem Regenschauer damit, dass das Wetter nicht immer wie in der Bierwerbung sein konnte. Mit der Winddrehung mussten wir unseren Kurs auch weiter nach Süden korrigieren, bis wir wieder wendeten und uns nunmehr mit Motorunterstützung nach Nordost quälten. Nach einer unangenehmen, weil recht kühlen Nacht, fanden wir uns in ziemlich gleichem Abstand von etwa 35sm von jeglichem Land entfernt – außer nach unten, da waren's nur fünf Meter. Wir beratschlagten ob wir jetzt bei leicht abflauendem Wind unter Motor direkt nach Andros, der größten Insel der Bahamas, fahren sollten, oder geradewegs auf Chub Cay zu, das aber jetzt genau im Wind lag. Wir schauten uns die Seekarte sehr genau an und befanden die Ansteuerung von Andros als zu schwierig, bei den schlechten Sichtverhältnissen mit Regen und niedrigen Wolken. Genau gegen den Wind zu bolzen um nach Chub Cay zu kommen erschien war auch blöd und wir zogen ein ganz anderes Ziel in Betracht: Great Harbour Cay. Das war die Hauptinsel im Norden des lang gestreckten Archipels der Berry Islands, zu denen auch Chub Cay im äußersten Süden gehörte. Bei dem jetzt stabilen Wind aus Südost, und Great Harbour Cay in NE, überlegten wir nicht mehr lange und steckten direkten Kurs darauf hin ab.

Am späten Nachmittag sichtete Gabriela Land. Der Regen hatte schon länger aufgehört und auch der Wind war von 15 auf 10 kts schwächer geworden. Der Himmel war vollständig grau und das Meer graublau. Wir waren Müde und dieser flache, graugrüne Streifen, den wir als unser Ziel ausmachten, sah auch nicht besonders einladend aus. Ich barg die Segel, die trotz Regen schmierige Salzkrusten an den Nähten hatten, und motorten zügig zur Insel auf der Suche nach einem Ankerplatz. Hier, auf der Wind abgewandten Westseite, wurde mit jeder Annäherung der Wind noch schwächer und die Wellen verschwanden ganz. Ein paar nette Häuser in der Größe von Gartenlauben, standen ca. 50 Meter vom Ufer entfernt auf einer Minianhöhe. Niemand war zu sehen, was uns bei dem Schmuddelwetter auch nicht wunderte. Ein Stück weiter das Ufer entlang verloren wir den Blick auf die Siedlung und es öffnete sich eine flache Bucht. Es war eigentlich kaum eine, mehr ein Zurücktreten des Ufers, aber mit einer vorgelagerten Sand-Barre die sichtbar bis an die Wasseroberfläche reichte. Zwischen der Barre und dem Ufer war eine gut 100 m breite und 300 m lange Rinne, die am Südende von Mangroven begrenzt wurde. Die Einfahrt war 3 Fuß tief und die Rinne selbst 4 Fuß. Ich stellte fest, dass die Tide nahe dem Niedrigwasser war und hatten damit einen gut geschützten Ankerplatz mit genügend Wasser unter dem Kiel. Die Barre könnte sogar bei einem der seltenen Nordweststürme gut als Wellenbrecher dienen und hatten damit insgesamt einen Rundumschutz. Der Ankergrund war zwar mit Grass bewachsener weicher Schlamm nicht der Beste und ich fuhr deshalb gleich beide Anker gut ein. Wir hatten einen 10kg Bruce und einen 10kg Danfort. Als Einzelanker war mir der Bruce lieber, weil er sich bei Winddrehung im Grund mitdrehte und nicht freikam. Der Danfort erreichte wohl eine höhere Haltekraft, aber ich achtete immer darauf, dass er sich in der erwarteten Windrichtung eingrub, weil ich ihm bei einer Winddrehung misstraute. So legte ich nach typischer Bahamian Moor den Danfort gen Norden und den Bruce nach Süden und hielt damit auch zur Barre und Ufer immer genügend Abstand.

Es war erst früher Abend und noch hell als wir unser Bett aufschüttelten und hineinkrochen. Die Fenster waren von der Salzgicht verklebt und undurchsichtig trüb und so lauschten wir nur in den leisen Wind hinein und schauten uns verblüfft an als wir deutlich das Krähen von Hähnen hörten. Wir mussten beide grinsen und taten es sicher noch als wir erschöpft einschliefen.

Am Morgen war das Wetter schon viel freundlicher und wir fragten uns ob es nicht besser gewesen wäre, wenn wir zwei Tage in Bimini abgewartet hätten und dann von dort gemütlich unter Motor direkt nach Chub Cay gefahren wären. Von Chub Cay aus wollten wir ja sogar noch weiter südlich bis nach

Andros. Jetzt waren wir stattdessen 25sm nördlich von Chub Cay gelandet und fühlten uns wie die alten Entdecker die manchmal auch woanders rauskamen, wo sie gar nicht hin wollten. Wir hatten aber auch keine Lust gleich wieder wegzufahren und beschlossen die fremden Gestade erst einmal zu erkunden und wenn unbewohnt, in Besitz zu nehmen.

Den ersten Tag verbrachten wir aber noch an Bord mit Aufräumen, Fenster polieren und Segel waschen. Den ganzen Tag über hörten wir das Krähen von Hähnen und auch einen kleinen Singvogel mit piepsiger Stimme. Pünktlich zum Dinner schien auch wieder die Sonne und beleuchtete goldgelb den kleinen Sandstrand mit seinen fünf Kokospalmen und einer Meertraube in der Mitte des weit offenen, gebogenen Uferstreifens. Rechts und links des Strandes war eine anderthalb Meter hohe, schroff verwitterte, braune Kalksteinschicht, die vom Gezeitengang unterspült war. Der ganze, in Nord- bis Süd-Richtung verlaufende, Küstenstreifen war mit Bäumen, Palmen und Büschen bewachsen. Im flach auslaufenden Südufer ersetzten Mangroven die Landvegetation zum Wasser hin. Die gesamte westliche Kompasshälfte dagegen wurde von unserem Ankerplatz bis zum Horizont vom blaugrün bis grünbraun gestreiften Meer über der Great-Bahama-Bank eingenommen.

Die Berry Islands sind eine Kette von ca. 30 Inseln, und begrenzen die Bank im Osten zum tiefen Atlantik spiegelbildlich wie die Biminis im Westen zum Golfstrom. Bei den vorherrschenden Ostwinden war es aber hier im Lee der Insel und auf der flachen Bank viel gemütlicher als in den Biminis, in denen die zwar wellengeschützten Ost-Buchten dafür voll dem Nordostwind ausgesetzt waren. So abweisend wie Great Harbour Cay bei unserer Ankunft auch gewirkt hatte, so legte sie sich jetzt ins Zeug sich von der allerbesten Seite zu zeigen. Der rotgoldene Sonnenuntergang mit kupferroten Restwolken vor endlos blauem Himmel konnte kaum aufwühlender sein, als im Kontrast zur milden Stille an unserem Ankerplatz.

Der helle Himmel beleuchtete kurz vor Sonnenaufgang die Bäume und Palmen am Ufer von ihrer Rückseite, die sich wie Scherenschnitte dunkel gegen den pastellblauen Himmel abhoben. Wir schauten bei unserem Frühstück zu dem kleinen Strand der jetzt im Hochwasser auf einen schmalen Sandstreifen geschrumpft war. Pixel lag auch noch im langen Schatten der Bäume und war klitschnass vom Morgentau, als ich auf dem breiten Vordeck unser rotes Schlauchboot aufpumpte. Laut raschelte Gabriela in Bergen von Plastiktüten in die wir so ziemlich alles einwickelten was wir vor Feuchtigkeit schützen wollten, bis sie unsere Rucksäcke für die Expedition gepackt hatte. Wir krabbelten ins Dingi und paddelten zum Ufer. Die weite Bucht lag immer noch im Schatten und wir konnten im diffusen Licht gut den Grund sehen. Der weiche Schlamm war dünn mit Seegrass bewachsen und in den Lücken siedelten Massen von diesen Blumenkohltieren, wie wir sie nannten. Das waren nicht nesselnde Quallen, die stets mit ihrem Hut nach unten zum Boden lagen und sich dort das Wasser mit Schwimmbewegungen zufächelten. Die letzten Meter zum Ufer waren feiner Sand der bei Niedrigwasser freigelegt war und deshalb keinen Bewuchs hatte. Wir stiegen aus und betraten in feierlicher Stimmung den Strand. Wir banden das Dingi an der Meertraube fest und suchten einen Weg durch die Büsche. Nach 30 Meter stießen wir auf ein asphaltiertes Sträßchen mit abbröckelndem Randstreifen, das parallel zum Ufer durch den Wald verlief. Wir gingen nach links, weil wir ja bei der Ankunft im Norden diese Siedlung sahen. Der Weg bog zum Inselinneren ab und nach einem halben Kilometer bot sich uns ein unerwartet idyllischer Anblick. Ein 300 m breiter See der ganz von einem 15 Meter Höhenzug eingefasst war. Ein Hüttendorf am Ausläufer des Nordufers war um eine kleine, beherrschende Kirche gruppiert. In den Vorgärten reckten sich Palmen, Agaven und blühende Hibiskus; wir wähnten uns im Lummerland. Das Sträßchen führte uns weiter um den See herum und leitete uns im Ostteil zu einer Marina mit Steganlagen und Ferienhäusern. Wir gingen an einer Bar-Anlage mit Süßwasserpool und gemauertem Barbeque vorbei und sahen dann einen Einschnitt im gegenüber liegenden Wall, der durch eine Einkerbung bis zum Meer blicken ließ. Dieser natürliche Zugang zur Marina machte aus dem See eine Lagune und bot einen rundum geschützten Ankerplatz im Zentrum der Insel. In der Marina lagen nur wenige Yachten und als wir den Preisaushang sahen, wussten wir auch warum. Alles machte einen etwas verlassenen, aber dennoch ziemlich exklusiven Eindruck. Wir schlenderten auf der Strasse weiter um die Lagune bis zur eigentlichen Ortschaft Bullock's Harbour und wunderten uns, dass sie doch deutlich größer war als zunächst angenommen. Auf dem ganzen Weg entlang sahen wir Hühner, die häufig mit Küken im Gefolge, recht scheu waren und bei Annäherung schleunigst Reißaus nahmen. Jetzt im Ort war aber nicht ein einziges Huhn zu sehen und als wir auf dem Rückweg in der Poolbar einkehrten fragte ich den Besitzer Paul auch danach. Paul war Brite, hier eingeheiratet und bewirtschaftete neben der Bar auch einige Beachvillas in einer Bucht auf der Atlantikseite. Bullock beherbergte etwa 400 Einwohner die hauptsächlich bei einer Cruiseship-Companie auf einer der nördlichen Nachbarinseln beschäftigt waren. Er erzählte uns weiter, dass die auf der Insel wild lebenden Hühner alle ursprünglich aus dem Besitz von Tobi stammten. Tobi war jetzt ein älterer Mann der vor Jahrzehnten den Versuch einer Hühnerzucht unternahm. Als er aber eines Abends von einer Sauftour nach Hause kam, öffnete er einfach den Stall und ließ alle Hühner frei. Die Arbeit mit ihnen drohe ihm über den Kopf zu wachsen, erzählte er damals. Tatsache indes war, dass die Einheimischen die Tiere nicht mochten, weil sie früh bei Tagesanbruch einen beträchtlichen Lärm verursachten. Sie stellten ihnen deshalb auch nach und nicht etwa zum Verzehr, weil sie so elend nach altem Fisch schmecken sollten. Außerdem koste ein Tiefkühlhuhn nur einen Dollar und man hätte auch keine Arbeit mit dem Ausnehmen. Gabriela und ich schlossen jedenfalls die kleinen, bunten und ausnehmend hübschen Hühner sofort ins Herz und betrachteten die Erlebnisse mit dieser Bande später als eines der Highlights in den Bahamas. Vor allem Sean, unser Lieblingshahn, lernten wir schon am ersten Tag in der Poolbar kennen. Er war da noch Halbwüchsig und wir rätselten gerade ob es doch ein Hühnchen war, als er forsch zur Bar schritt und listig nach unseren Erdnüssen schielte die wir zu den Flaschenbieren - zu je $ 3 - gereicht bekamen. Er pickte sofort die Schale leer und ließ uns nicht eine übrig. Wir nuckelten amüsiert weiter an unseren Bieren und genossen den Ausblick auf die Lagune, als es unvermittelt zu Schütten begann. Da suchte auch Sean Schutz und flüchtete unter einen Plastikstuhl, wo er stehend ausharrte und ihm dabei immer wieder müde die Augen zufielen. Der Regen war schnell vorbei und das abfließende Wasser gurgelte in klaren Bächlein zwischen den Palmen hindurch und zur Lagune hinunter, als sich auch Sean auf den Weg machte und dabei jedem Rinnsal misstrauisch auswich oder auf spitzen Zehen tänzelnd überquerte.

Der folgende Morgen war nicht so ganz nach meinem Geschmack. Unser Raritan Pump-WC war so ausgelegt, dass bei jedem Pumpzyklus einmal hinaus und beim Hochziehen des Hebels frisches Wasser herein gepumpt wurde. Dabei sollte die einströmende Menge kleiner sein, als die Abgeführte. Jetzt aber füllte sich die Schüssel mit jedem Pumpenschlag mehr. Es war schon das zweite Mal dasselbe Problem und ich war daher in der Demontage der gesamten Anlage bereits geübt. Im Pumpengehäuse und hinter der Auslassventilklappe fand ich erneut einen Aufbau von Klopapierablagerungen. Nach deren Entfernung und Zusammenbau funktionierte alles wieder tadellos. Die unvorteilhafte Lage der Dichtungen und Verschraubungen mussten wohl zu dem ärgerlichen Problem geführt haben, das ich in Zukunft durch die ausschließliche Nutzung von Papier-Kosmetiktüchern zu beheben hoffte, da ich das normale Klopapier als Mittäter verdächtigte. Die weitere Erfahrung erhärtete meine Annahme und ich möchte das hier als Tipp weitergeben:

Statt feuchten Toilettenpapiers verwenden wir nur noch diese Kosmetiktücher aus den bekannten Kartonboxen. Sie sind auch angefeuchtet stabil und reißfest und zerfallen auch nicht so schnell. Daher haften sie nicht an Pumpen oder Ventilen an und setzen sich in Holding Tanks nicht ab. Außerdem haben Kosmetiktücher den Vorteil gegenüber feuchtem Toilettenpapier, dass man sie erst direkt vor der Benutzung benetzt und damit Konservierung und andere Stabilisierungsstoffe überflüssig sind. Sie sind uns unverzichtbar geworden und wenn wir unterwegs sind führen wir immer eine ausreichende Menge davon in unserem Gepäck mit. Eine wassergefüllte ehemalige Lotionsflasche ergänzt dann noch die Hygieneausrüstung.

Meine grundsätzlichen Erfahrungen mit Marine-WCs führten letztlich dazu, dass ich mir für mein nächstes, ideales Boot nur noch eine dieser neuartigen Kompost- oder Trocken-Toiletten einplante. An einem Boot mit Außenborder gibt es dann überhaupt keine Rumpfdurchlässe mit ihren Verschraubungen und Seeventilen unter der Wasserlinie mehr.

Als Aussteiger-Segler musste ich darauf bedacht sein mit möglichst wenig landgestütztem Service auszukommen, denn wenn das Boot dauerhaft bewohnt ist, werden Wartung und Reparaturen an Bord ähnlich unangenehm wie eine umfangreiche Hausrenovierung in Anwesenheit seiner Bewohner.

Wer schon einmal zum Jahresende die Ankunft der segelnden Mehrfamilienhäuser aus Gran Canaria in St.Lucia miterlebt hat, kann die Freude der dortigen Yacht-Reparaturbetriebe in Erwartung voller Auftragsbücher verstehen. Die fünfwöchige Atlantiküberquerung hinterließ lange Listen an weihnachtlichen Bescherungen. Sie reichten von gestauchtem Mast, über defekte Motoren, gebrochene Ruderlager, leckende Tanks bis zum Versagen von WCs und Kühlschrank und dem Ausfall der gesamten Bordelektrik. Manchmal fluchartig verließen die Passagiere ihre Yachten und richteten nur noch eine Notbesatzung zur Beaufsichtigung der Reparaturarbeiten ein. Die Anderen fanden Zuflucht in den Hotels am Ort. Mit einem dicken Scheckbuch ausgerüstet, kann man sich so sogar um die ganze Welt hangeln. Um Ausfallzeiten einzusparen könnte man sich aber auch Yacht-Wechsel-Stationen, nach dem Vorbild der Wells-Fargo-Corrals der Postreiter, vorstellen.

Der Trend ist klar: Immer größere und daher auch umfangreicher ausgestattete Yachten und damit auch mehr auf die entsprechenden Einrichtungen an Land angewiesen. Der Übergang von der Fahrtenyacht zum Kreuzfahrtschiff verwischt zusehends. Die geschützten Ankerplätze werden wegen des Tiefgangs rar und die wirklich schönen Stellen sind nicht mehr direkt anzufahren und erfordern ebenso aufwändig ausgerüstete Beiboote um die zunehmenden Entfernungen zu überwinden. Segelreviere wie die Bahamas werden zum Urlaubs füllenden Suchspiel nach Liegeplätzen und wenn man endlich einen am

Rand der Schifffahrtsrouten gefunden hat, ist man dem dauernden Schwell des Durchgangsverkehrs ausgesetzt, wenn sie einen nicht sogar über den Haufen fahren. So war es Thomas mit seiner 15,50 Meter Ketsch BLUE SCARAB passiert als ihm ein Tugboat über die Ankerketten rauschte und einen viele Tausend Dollar Schaden verursachte, den er erst später in Florida ordentlich repariert bekam.

Grosse, schwere Yachten brauchen Hilfseinrichtungen die den Umgang mit ihrer umfangreichen Ausstattung erst möglich machen und sie damit noch unhandlicher werden lassen. Allerdings würde ich mich auch nicht auf eine Weltumsegelung begeben wollen ohne alle technischen Hilfen zu nutzen die heute verfügbar sind. Ein verzicht auf künstlich angelegte Wasserwege wie Suez- oder Panamakanal und der damit verbundenen Umwege über die Kaps käme ebenso wenig in Frage wie ohne die fürsorgliche, ständige Beobachtung durch die Coast Guard. Vielleicht wäre es sogar noch besser das Boot gleich auf einen Frachter zu verladen, oder ist letztlich die Weltumrundung als Kreuzfahrtpassagier nicht ultima ratio?

Eine Atlantiküberquerung mit 6 Crew auf einer modernen 16 Meter Segel-Yacht kommt dem Kreuzfahrtgedanken ohnehin schon verdächtig nahe.

Ich muss allerdings zugeben, dass ich auch schon daran dachte in England einen komfortablen Fahrtenkatamaran zu kaufen, um nach der Überfahrt in der Karibik Charterreisen anzubieten. Komfortabel genug, um damit unseren Lebensunterhalt zu ermöglichen. Manche taten genau das, waren uns dann aber mit ihrem Beispiel Grund genug diesen Gedanken schnellstens aufzugeben. Man muss wohl der Typ dafür sein und es gibt auch genügend Fälle wo das prima zu funktionieren scheint; für uns wäre das aber bestimmt nichts. Abhängigkeiten mochten wir möglichst vermeiden und nur um uns ein größeres und besser ausgestattetes Boot leisten zu können, es dann mit fremden Leuten teilen zu müssen, entsprach nicht unserer Intention. So taten wir das was uns auf Anhieb am meisten Zusagte. Und wie es sich herausstelle auch am Besten war und für andere eigentlich auch sein sollte:

Zum Preis eines gebrauchten Mittelklassewagens bekommt man in Florida ein 8-9 m Segelboot. Etwas handwerkliches Geschick vorausgesetzt, reichen 25000 Dollar aus, um ein Boot mit bequemem Bett/Sitzgruppe, Toilette, zwei-flammigen Propankocher und Kühlbox zu kaufen und Küstentauglich auszurüsten. Wenn es dazu noch ein einziehbares Ballastschwert hat oder sogar trailerbar ist, ist die mobile Zweitwohnsitz in den Westindies bezugsfertig und kann bei Nichtbenutzung preisgünstig an Land abgestellt werden. Falls seine Breite weniger als 2,38 Meter beträgt, ist dem Küstenkreuzer sogar eine alternative Weltumrundung möglich. Man könnte ihn dann in einen Container stecken und per Frachter preiswert zu einem beliebigen Überseehafen bringen lassen. Billiger und sicherer jedenfalls als auf eigenem Kiel. Man bräuchte nur noch seiner schwimmenden Ferienwohnung hinterher zu fliegen und hätte dann den Luxus eines Zuhauses mit Matratzen, auf denen nicht jede Woche andere nächtigten. Für Langzeiturlauber ist die gewöhnungsbedürftige Unterkunft zusammen mit der kaum vermeidbaren lokalen Gastronomie immer der größte Kostenfaktor und nie versiegende Quelle unangenehmer Überraschungen.

Die einmalige Anschaffung des eigenen Bootes eröffnet dem smart kalkulierenden Abenteurer dagegen nicht nur die Chance auf immens ausgedehnte Urlaubszeiträume, sondern bietet zum Beispiel die Gelegenheit auf den örtlichen Märkten neben den pittoresken Ansichten auch die Zutaten für seine Mahlzeiten zu erhalten, was einen völlig anderen

Zugang zu den Menschen ermöglicht. Die Märkte dienen ja weniger der Völkerkundeausstellung als der Versorgung und wir wunderten uns öfters, wie duldsam aber auch distanziert die Einheimischen den all-inclusive-Urlaubern begegneten die ständig den Reifegrad ihrer Agrarprodukte prüften, ohne je etwas zu kaufen. Mancherorts richtete man deshalb jene T-Shirt Märkte ein, wie sie identisch auf der ganzen Welt zu finden sind, um sich die normalen Touris fernzuhalten. Es reicht ja, wenn man ihnen am Abend in der Strand-Disco typisches Karibikleben vorgaukelt. Wer aber vergleichbare Lebensumstände mit den Einwohnern pflegt, schärft sich den Blick für ihre Probleme und hat Verständnis für das Verhalten das sie manchmal den Fremden gegenüber zeigen. Nicht jeder Gast übt sich nämlich in der angemessenen Bescheidenheit. Im Übrigen gilt: Je kleiner das Boot, desto näher kommt man dem wirklichen Leben und den Leuten. Außerdem ist auch der Umgang damit viel einfacher. Man braucht kein Bugstrahlruder zum Anlegen und keine elektrische Ankerwinde zum Ablegen. Das Abstellen an Land ist mittels Trailer und eventuellem Mietwagen ebenso einfach zu bewerkstelligen wie der fällige Unterwasseranstrich bei derselben Gelegenheit.

Langzeitsegler mit überreichlich ausgestatteten Yachten nutzen ihre Einrichtungen häufig gar nicht, wie zum Beispiel Backöfen die einfach zu viel Propangas verbrauchen, oder Duschenkabinen an Bord die im Tropenklima zur Pilzzucht mutieren. Eine Dusche an Deck ist einfach einzurichten und auch Gabriela empfand es mit ihren langen, blonden Haaren nicht als Notlösung. Mit etwas Improvisationstalent war denn auch der gestylte Auftritt in der Beachbar in Stretchkleid und Stöckelschuhen möglich. Einem Pärchen, dem ein 28 Fuß Boot zu popelig ist, sollte daher über ein gut gefülltes Konto verfügen um alle dienstbaren Geister zu nähren und sich besser nicht zu weit von Full-Service-Marinas entfernen.

Die letzte Freiheit findet sich auf dem Wasser, aber wehe dem der fremde Hilfe von Land benötigt, das kommt einer Strandung gleich.

Mein Motto lautet daher: Was ich brauche, mach ich selbst - und was ich nicht selbst machen kann, brauche ich nicht!

Nach einem ganzen Tag den wir mit Reparaturen an Bord verbracht hatten, freuten wir uns wieder darauf über die Insel zu schlendern und nach unserem Sean zu schauen. Früh am nächsten Morgen brachte uns unser Dingi an der gleichen Stelle an Land und gerade als Gabriela aussteigen wollte kamen ein paar kleine Stachelrochen zu uns ran. Sie waren nicht größer als ein Waschlappen und schwebten gemächlich im knöcheltiefen Wasser knapp über dem Grund. Wir schlurften ganz vorsichtig zwischendurch, dann kamen sie zu unseren Zehen heran und es sah aus als würden sie daran schnuppern. Gabriela war ganz verzückt über die niedlichen Kerlchen. Sie versuchte mit der Hand nach ihnen zu tasten, da zogen sie sich schnell ein Stück zurück, kamen aber dann langsam wieder näher. Ich sagte noch, dass sie acht geben sollte falls ihre Mami in der Nähe sei, da war sie auch schon da. Einen guten Meter lang und breit, war sie souverän zurückhaltend aber dennoch neugierig. In trüben Süßwasserbächen sind sie ein echtes Problem, um nicht versehendlich auf welche zu treten, aber hier waren sie gut zu sehen. Trotzdem achteten wir ab jetzt sorgfältig darauf wo wir im Wasser lang gingen, denn Verletzungen durch den Stachel können sehr übel sein.

Wir erreichten die kleine Strasse und schlugen wieder die Richtung zur Lagune ein, als auch schon ein Huhn mit drei Küken unseren Weg querte. Sie kamen unter einer kleinen Gruppe von Kokospalmen hervor und verschwanden im Schatten der Filao. Sie wurden auch Casuarinen genannt und sahen aus der

Ferne wie Nadelbäume aus, hatten aber weiche, schachtelhalmähnliche Wedel und stellten hier die verbreitete Baumart dar. Ursprünglich stammten sie aus Australien und zusammen mit den Kokospalmen aus dem Südpazifik, hatten auch die unfreiwillig importierten Hühner hier ihre Heimat gefunden. Der paradiesischen Stimmung tat das jedenfalls keinen Abbruch, denn wie sie so gemächlich über den weichen Boden schritten, war das die perfekte idyllische Komposition.

Zuhause ist, wo mein Anker liegt.

Wir wollten an diesem Tag die Ostseite der Insel erkunden und gingen zügig an der Lagune entlang, als Gabriela ein seltsames Boot darin ankern sah. Wuchtig und schwerfällig im glatten Wasser liegend, erinnerte es uns an die Piratenschiffe aus Hollywood. Es war aus dicken Holzplanken gebaut, hatte ein breites, kastenförmiges Heck und einen lächerlich niedrigen Mast. Trotz des plumpen Aussehens trug es doch wesentlich zum romantischen Charakter der Aussicht bei. Wir hielten uns aber nicht lange dabei auf und erklommen auf unserem weiteren Weg eine kleine Anhöhe, und damit wohl den höchsten Punkt der Insel. Von da aus genossen wir den Blick auf den tiefblauen Atlantik im Osten und auf das milchig hellgrüne Meer der Great Bahama Bank im Westen. Ein leichter Passatwind und im Schatten der Palmen und Filaos machte die Stelle mehr als angenehm und wir sahen uns ein bisschen genauer um. Da entdeckten wir eine schmale Brücke und einen Fußweg der dahin führte. Wir folgten dem Weg und kamen überrascht zu einem verfallenen Anwesen, das von Büschen und Sträucher ziemlich zugewachsen war. Wir fanden den weit geöffneten Eingang und stellten fest, dass es sich einmal um ein ansprechendes Hotel gehandelt haben musste. Von der Eingangshalle aus führte eine Treppe zum Obergeschoss dessen Dach zum Grossteil eingestürzt war und der Sonne die Beleuchtung, und damit Pflanzenwuchs, im Inneren der weitläufigen Ruine möglich machte. Überall waren Spuren der Plünderung und alles Brauchbare wurde wohl schon vor vielen Jahren entfernt. Damit war auch klar, dass der Hurricane Andrew für diesen Zustand nicht verantwortlich war. Das musste mindestens ein Jahrzehnt früher geschehen sein. Die erste Verwüstung brauchte auch gar nicht so schlimm gewesen zu sein, denn die meisten Beschädigungen sahen eher aus, als wenn sie über längere Zeit entstanden wären. Aus einer Wandvitrine in der Eingangshalle reckte sich ein stattlicher Baum, der offensichtlich selbst das dicke Glas sprengte, und in die Überreste des Foyers hineinwuchs. Wir gingen vorsichtig bis zur Hinterseite und fanden eine Poolanlage aus deren Boden überall Büsche und Palmen spriesten. Wir waren uns einig, dass diese Anlage einmal eine recht exklusive gewesen sein musste, vor allem wenn man bedachte, wie wenige Zimmer für so ein ausgedehntes Ressort vorhanden waren. Langsam füllte sich der allgemeine Eindruck von den Bahamas, den wir bereits in Bimini zu skizzieren begannen. Das alles hatte schon bessere Zeiten erlebt und die vielen Beschädigungen an Häusern und Strassen, die man überall sah und die bei diesen klimatischen Bedingungen unvermeidlich zu weiteren Zerstörungen führten, wurden lange nicht mehr beseitigt und malte das Bild eines langsamen Verfalls aus. Der stille Ort war fast zeitlos und wir gingen noch etwas umher und vertieften uns in einer mitleidvollen Stimmung. Unter dem luftig blauen Himmel mit stillstehenden Wölkchen, dem milden Wind und den lautlos wiegenden Filao, floss alles zu einem warmen Gefühl von Melancholie zusammen und wir konnten uns nur sehr zögerlich davon trennen.

Wir spannten unsere bunten Janosch-Kinderschirme auf und gingen zur Strasse zurück und auf ihr in Richtung Atlantik. Die schulterhohen Silvertop-Palmen ersetzten die anderen Bäume und die Büsche wurden zäher und dorniger, je näher wir der rauen Küste kamen. Nach gemächlichen 2km war nur noch körniger Sand über dem hellen Limestone-Felsboden und auch die Palmrispen ergänzten die staubig-blassgrüne Fahlheit des wuchernden Gestrüpps. Wir konnten gut über die niedrige Vegetation in die Ebene schauen und ohne unsere Schirmchen hätte uns die Sonne hier bestimmt schlimm zugesetzt. Dann ging es die flache Anhöhe wieder hinunter und durch einen Waldstreifen aus Filaos und durch lockeren Sand zum Strand. Als wir schließlich unter den Bäumen heraustraten, waren wir sprachlos. Eine überwältigende Bucht von unirdischer Vollkommenheit. Die Überraschung war geglückt und wir genossen weder vorher noch hinterher je wieder einen so umwerfenden Anblick. Ein perlmuttrosa, puderzarter Sandstrand zog sich in einer entspannten Biegung um ein seichtes Becken. Der Strand umschloss eine gute Hälfte eines Ovals, dessen offener Bogen sich in einem Riff knapp unter der Wasseroberfläche fortsetzte. Ein heller Felsengrad ragte knapp über die Barre heraus, daran brach sich die mächtige Atlantikdünung in einem leuchtenden Schaumband und sorgte für stilles Wasser in der Bucht. Der Sandboden des Beckens war in lange Senken und Kuppen modelliert und schimmerte dort in allen Farbkombinationen zwischen hellem Gold-Grün und sattem Himmelblau. Knöchelhohe Wellen rollten in kleinen Blasenspuren am flachen Strand aus und der schwache Wind ließ die Wedel der Kokospalmen hin und her pendeln. Den Hintergrund bildete die dunkelgrüne Wand aus Filaos, die den Streifen zwischen Strand und Anhöhe füllten. Eine völlig abgegrenzte, von der übrigen Umgebung losgelöste Oase, zu der es weder Hinweise aus der Seekarte noch aus der Form der Küstenlinie gab. Es war gerade Ebbe, und mit jeder kleinen Änderung im Wasserstand wechselten sofort sichtbar die Farben. Wir standen sicher eine halbe Stunde so da und schauten ganz ergriffen unter unseren Schirmchen heraus, als wir leise Musik hörten. Wir sahen in deren Richtung und dort ein paar Holzstufen, gingen darauf zu und fanden eine Holzterrasse mit einer Bar. Drum herum standen schlanke Palmen und zwischen zweien war eine Hängematte gespannt. Neben der Treppe war eine Süßwasserdusche und darüber ein Schild mit der Aufschrift: Mama & Papa-T-Bar. Wir nahmen an dem überdachten Bartresen Platz und fanden dann die ersten Worte um uns über die uns zuteil gewordene Offenbarung auszutauschen.

Von unserem erhöhten Standort konnten wir jetzt in einem halben Kilometer Entfernung auch eine Reihe Häuser mit spitzen und weit heruntergezogenen Dächern sehen. Das mussten wohl die Beachvillas sein, von denen Paul aus der Poolbar erzählte. Wir ließen den Blick weiter schweifen und sahen einen Kreuzfahrtdampfer am Horizont vorbeiziehen und sinnierten, ob es vielleicht möglich sei in diese Bucht einzulaufen. Das musste ich unbedingt überprüfen und falls nicht aus der Seekarte zu entnehmen, hoffte ich noch auf Infos aus unserem Boating Guide. Wir stellten uns bildhaft vor wie traumhaft es hier mit PIXEL sein würde, als wir ein seltsames Pfeifen hörten. Wir schauten unter dem Bardach zum Land hinaus und sahen einen startenden Learjet und wie er verschwand. Wir tranken noch unsere Diet Cokes aus und machten uns auf in Richtung der Einflugschneise. Wenige Hundert Meter von der Beachbar entfernt erreichten wir über einen unbefestigten Weg das Flughafengebäude und waren erleichtert, dass es sich dabei nur um eine Hütte an einem Airstrip handelte. Es stand noch eine einmotorige Propellermaschine mit drei platten Reifen da und als ich mich laut darüber wunderte erklärte uns ein Customs Officer, dass das ein übliches Vorgehen war, wenn es galt einen Drogenschmuggler am Abfliegen zu hindern.

Auf dem Weg hierher hatten wir kaum ein Wort gesprochen und uns ganz der Stimmung hingegeben, jetzt, auf dem Rückweg besprachen wir pausenlos wie wir die Bucht erreichen wollten und von da aus unsere Versorgung im drei Kilometer entfernten Bullock sichern könnten. Dass die Süßwasserdusche wohl kaum Trinkwasser spendete und wir in einem Sturm, und dem damit erhöhten Wasserstand, hier leider nicht viel Schutz hätten. Trotz aller Einwände hatten wir unseren Entschluss aber bereits gefasst.

Great Harbour Cay besitzt kleine, unbewohnte Nachbarinseln im Norden und Süden, aber die Meerengen dazwischen, die so genannten Cuts, waren sogar für unsere PIXEL zu flach, dass sie selbst bei Hochwasser kaum befahrbar sein würden. Nachdem ohnehin Wassertiefen von unter einem Meter nicht kartographisiert waren, vermied ich doch das Risiko, von einem dieser unberechenbaren Strömungen in den Cuts auf einen Korallenkopf gesetzt zu werden. So blieb uns nur der Umweg von fast 20sm um den Archipel im Norden herum. Nach bunkern von Lebensmitteln aus dem Marinastore gingen wir am frühen Morgen Anker auf und unter vollen Segeln Kurs Nordwest. Das Wasser über der Bank war so seicht, dass wir sogar die Schwerter hochzogen, weil ich befürchtete mit ihnen auf Grund zu kommen. Der leichte Wind kam achterlich Steuerbords und der kräftige Ebbstrom setzte genau Nordwest. Wir rauschten mit satten 9 Knoten über Grund und schauten beide konzentriert nach vorne um bei diesem Speed ja kein Hindernis zu übersehen. Am Rand der kleinen Inselkette war in etwas Abstand deutlich die Kante der Bank an der veränderten Wasserfärbung zu erkennen und hielten darauf zu. Der Übergang von der gelbgrünen Bank zum blauen

blauen Tiefwasser war denn auch so, wie der Sprung vom Beckenrand in einen Pool. Schlagartig bremste uns ein Gegenstrom von schräg vorne auf den Steuerbordbug und der wahre Wind drückte jetzt voll in die Segel. Mit den aufgeholten Schwertern drifteten wir nach Backbord und der Strom schob uns parallel zur Bankkante. Ich bekam die Schwerter erst runter nachdem ich die Segel öffnete und damit die Windlast minderte. Als wir endlich an den Wind gehen konnten und Fahrt nach Nordost aufnahmen, schauten wir erstmals in die neue Richtung und sahen erstaunt ein ankerndes Kreuzfahrtschiff nur eine Meile recht voraus. Um in der Wellenabdeckung der Insel zu bleiben kreuzten wir in kurzen Schlägen zwischen dem Schiff und der Insel durch und sahen in der Mitte der Insel eine nach Norden offene Bucht mit vielen großen Sonnenschirmen und einem Palmenwald auf dem sonst kargen Land. Zwischen Schiff und Anleger in der Bucht verkehrten Shuttleboote mit eifrig winkenden Passagieren als sie an uns vorbei fuhren. Hinter dem Schiff machten wir einen langen Schlag nach Nord, wendeten und fuhren im einigem Abstand zu den Inseln wieder nach Great Harbour Cay nach Süden. An den Ostküsten der Inseln sahen wir wie sich die lange Atlantikdünung brach und in Fontänen hoch spritzte. Sie konnte sich über Tausende Meilen im Nordostpassat aufbauen und gab ihre gesammelte Wucht auf wenigen Metern an die brüchigen Kalksteinfelsen ab. Vom Fuß der Bank in 2000 Meter Tiefe bis ein paar Meter über Wasser waren sie das einzige Hindernis für den Ozean. Ein kribbelnd spektakulärer Anblick im Kontrast zum genüsslichen Wiegen beim langsamen dahin Gleiten in gebührlichem Abstand. Ganz anders als im Golfstrom, dessen Oberfläche wie unter einer Spannung zu stehen schien und wir das Gefühl hatten, er würde sich nur mühsam beherrschen. Der gutmütige Atlantik wankte hier dagegen nur schläfrig hin und her, und nur am Hindernis erahnten wir seine wahre Kraft.

In der Nähe unserer Traumbucht machten wir einen Aufschiesser und holten die Segel runter, behielten sie aber zum Setzen klar. Wir fuhren unter Motor ganz vorsichtig zum Riff hin und Gabriela versuchte trotz ungünstiger Blickrichtung, von hinten auf die Wellen, eine Passage zu finden. Das Wasser war so durchsichtig klar, dass man denken konnte wir schwebten. Das Echolot zeigte 30 Fuß Tiefe und wir konnten deutlich orangerote Seesterne am Grund liegen sehen. Wir tasteten uns im Auf und Ab der Wellen ganz langsam näher und erwarteten jeden Moment die Riffkante zu erreichen, als ich mich umschaute und Gabriela, die am Bug stand, zurief, dass wir schon durch seien. Ganz undramatisch und ohne spürbaren Übergang waren die Wellen nur höher und steiler geworden, um nach der Engstelle lang ausgelaufen. Wir hatten Springtide und an diesem Nachmittag gerade Hochwasser. Das ganze Riff war bis auf einige herausstehende Felsen überspült und die einlaufende Dünung wurde kaum abgeschwächt. Hinter der Sandbarre mit jetzt 7 Fuß Wasser darüber fiel der Grund wieder auf 16 Fuß ab und bestand aus flachem Kalkstein mit grobem Sand und sah aus wie der Boden eines Aquariums. Wir nutzten die gute Sicht noch aus und peilten die Passage mit der Beachbar und Beachvillas genau ein. Die Mühe hätten wir uns aber auch sparen können, denn wir konnten feststellen, dass es mehrere Durchfahrten gab und unsere auch fast für einen Dampfer gereicht hätte. Aber zum Glück nur fast, denn sonst hätte die Cruiseship Companie diese Bucht bereits sicher an sich gerissen. Außerhalb zu ankern kam für sie zum Glück auch nicht in Frage, weil der Meeresgrund direkt davor schnell auf unlotbare Tiefen abfiel. Sie mussten deshalb mit dem sanften Auslauf vor den nördlichen Berry Islands als

Ankerplatz vorlieb nehmen und ersparten unserer Traumbucht die bekannten Folgen. Für Kreuzfahrtschiffe sind die Bahama Banks eben zu seicht und der Übergang zum Tiefen meist zu abrupt. Ein klarer Vorteil für PIXEL und die Erfüllung lang gehegter Träume für uns. Für diesen Tag suchten wir eine Stelle, weit entfernt vom Strand und in drei Meter Wassertiefe, aus. Der Anker fiel nahe des Riffs im Schutz einer kleinen Landzunge in feinen Sand. Ich packte die Segel zusammen und Gabriela war schon im Wasser, hielt sich mit der einen Hand an der Ankerleine fest, und winkte auffordernd mit der anderen. Als ich sah, dass sie nichts anhatte, verschob ich mein Verlangen nach einem Rum-Punch und wandte mich einem anderen zu.

Als es Dunkel war konnte Gabriela mit dem Fernglas im gedämpften Licht der Mama & Papa–T-Bar einige hellhäutige und auch dunkelhäutige Besucher einträchtig beisammen sitzend erkennen und weil das in den Bahamas ziemlich selten war, erschien uns die Kneipe interessant und nahmen uns vor sie einmal abends zu besuchen. Die Beachvillas, die bei Tage kaum zu erkennen waren, waren jetzt bunt erhellt und wurden auch von beleuchteten Wegen verbunden. Insgesamt aber eine sehr sparsame Besiedelung und erst recht für einen so paradiesischen Ort.

Die nächsten Tage verbrachten wir sehr relaxed nachdem wir unser Sonnendach wieder anbrachten und unsere Handtücher und T-Shirts in Süßwasser ausgespült und auf dem Relingsdraht aufgehängt hatten. Das Süßwasser holten wir mit dem Dingi abends von der Dusche neben der Bar nach deren Ladenschluss.

Die fast graphische Makellosigkeit unserer Bucht ließ die Bewuchsränder an den Rümpfen und Ruderanlage im Kontrast ziemlich schäbig aussehen und wir rückten den Unterwasserbereichen mit Bürsten und Kunststoffschaber zuleibe. Als wir dann noch das Überwasserschiff und Deck schrubbten und polierten, war PIXEL bereit zur Fotosession. Das konnte man aber von uns nicht sagen, wie ein tiefer Blick in den Spiegel deutlich machte. Dem begegneten wir alsbald mit dem gleichen Elan und nach wenigen Stunden konnten wir erschöpft, aber zufrieden klar Schiff und Crew vermelden.

Das ständige Unbehagen beim Verbrauch von Trinkwasser zur Körperpflege hatte uns schon lange daran gewöhnen lassen Süßwasser nur noch zum letzten Ausspülen nach dem Haare waschen zu verwenden. Im salzhaltigen Mittelmeer war das zugegebener Massen nicht so angenehm auf der Haut, in den salzärmeren West-Indies aber nur eine Frage einer kurzen Gewöhnung. Selbst Gabrielas empfindlichem Teint konnten die verbliebenen Salzreste, nach reichlicher Gabe von geruchsneutralem Pflanzenöl, oder einer gut fettenden Lotion, nichts mehr anhaben.

Sogar die Badetücher hatten wir nur in Meerwasser ausgewaschen und nach jedem Gebrauch gut ausgewrungen und das war wirklich wichtig: Denn wenn man sich damit abtrocknet und sie unausgespült zum Trocknen aufhängt, kommt das neue Salz zum alten hinzu und reichert sich so darin an.

Die Körperbehaarung war dann noch ein letztes, aber umso lästigeres, Problem, vor allem, wenn man wie ich mit diesem lächerlich wirkenden Pelz an Unterarmen und Beinen ausgestattet ist. Selbst gründlich abgetrocknet klebten die Salzreste noch in den Haaren, bis ich sie schließlich restlos entfernte. Für die meisten Damen ist die Rasur unter den Achseln und an den Beinen selbstverständlich und vielen amerikanischen Männern auch auf der Brust. Gabriela und ich neigen zur Konsequenz und beseitigten darüber hinaus auch den heutzutage unnützen Bewuchs im Schritt zweimal wöchentlich. Unseren

Urahnen diente die Behaarung unter den Armen und im Schritt zur kommunikativen Duftverbreitung und ich bin doch sehr erleichtert, diese Epochen verpasst zu haben. Gleichwohl leiste ich mir jetzt zum Kontrast einen Bart, um nicht ganz als „Nackter Affe" dazustehen.

Die Süßwasserzapfstelle an der Beachbar nutzten wir trotzdem dankbar zum Wäsche spülen, aber zum Trinken sammelten wir nach wie vor Regenwasser, das im üblichen Gewitterregen in einer halben Stunde zumindest einen unserer beiden flexiblen 80liter Tanks füllen konnte. Wir spannten dazu eine dicke Plane zwischen den Achterstagen und Wanten. In der Mitte der Plane schloss ich einen Schlauch an den ich zum jeweiligen Tank führte. Anschließend beugte ich einer Verkeimung mit Watertreatment-Tabletten auf Silberionenbasis oder einfachem Wäsche-Bleach vor. Regenwasser schmeckt zwar reichlich schlapp, was uns aber allemal lieber war als das, was durch Umkehrosmose aus dem Meerwasser gewonnen und für 25 Cent pro Gallone verkauft wurde. Diese Anlagen sind meist übel verkeimt und man tötet daher alles mit reichlich Chlor ab. Die Bakterien-Leichen werden hernach aber nicht bestattet und verbleiben im Wasser. Prosit.

Wir genossen jeden einzelnen Tag in unserer Bucht und hatten bald das Gefühl, als wäre sie allein unsere. Die wenigen Gäste aus den Beachvillas verloren sich an dem weiten Strand, wenn sie auch häufig ausgedehnte Spaziergänge daran entlang machten. Gingen sie dann so weit in unsere Richtung, bis zu dem Punkt am Strand der uns am Nächsten kam, fühlten wir uns aber schon etwas belästigt. Gabriela hatte den Eindruck, dass es irgendwann alle einmal dahin zog, um ein Foto von uns zu schießen. Ich wollte schon einen entfernteren Ankerplatz suchen, als wir uns klarmachten, dass die 100 Meter Mindestabstand doch wohl reichten müssten und man selbst mit einem Fernglas kaum

Einzelheiten an Bord erkennen könne. Langsam befürchteten wir sonderbar zu werden und stellten außerdem fest, dass wir schon seit einer Woche keinerlei Kontakt zu anderen Menschen mehr hatten. So beschlossen wir am Samstagabend die Beachbar zu besuchen, was wir dann auch taten.

Die Bar war zwar grob gezimmert und robust gebaut, aber durch die verwendeten Materialien wirkte sie nicht rustikal. Das Fehlen von Schnörkeln und die gebürsteten Edelstahl-Bleche und -Schrauben gaben ihr sogar einen eleganten Touch. Ein Bistro-Ofen aus mattem Stahl und ein beleuchteter Coca Cola-Kühlschrank waren die einzigen sichtbaren Einrichtungsteile, was aber nicht daran hinderte eine lange Liste an selfmade Fastfood zu saftigen Preisen zu offerieren. Die Gäste gehörten allesamt zur Sorte der Zahlungskräftigen, wie man nicht nur an der sommerlich korrekten Kleidung sehen konnte. Langsam dämmerte es mir, dass es sich bei Great Harbour Cay einmal um eine sehr edle Adresse gehandelt hatte und sein Glanz zumindest noch nicht ganz verblasst war. Wir kamen schnell ins Gespräch mit den Gästen und auch den Einheimischen, was wie üblich der Erscheinung meiner attraktiven Gattin zuzuschreiben war. Wir erfuhren, dass in dem kleinen Wald um die Bucht und weiter an der Küste entlang einige Privathäuser von Mitwirkenden der 007 James Bond Kinofilmen standen. Besonders erwähnt wurde das Anwesen des Hauptdarstellers Curd Jürgens, das jetzt seiner Witwe gehöre, aber nur sehr selten bewohnt werde. Zu Zeiten der Dreharbeiten hätten auch in dem verfallenen Hotel auf der Kuppe ausgelassene Feten stattgefunden und brachten insgesamt der Bevölkerung einen bis dahin unerreichten Wohlstand. Der Ausbau des Yachthafens, des Airstrip mit eigener Zollstelle und der asphaltierten Strassen stammten ebenso daher. Heute gäbe es zwar noch einen durchaus nennenswerten

Fremdenverkehr im Winter, was aber nicht viele Arbeitsplätze sichere und nichts zur Erhaltung der Inselinfrastruktur übrig ließ. Nachdem der bahamerische Staat auch keinerlei Einkommenssteuer erhebe, könne man auch nicht auf eine staatliche Unterstützungen hoffen. Ein solches Begehren könne sich erst dann auf einen Anspruch hin ableiten lassen, wenn er sich auf die Rechtfertigung einer bereits geleisteten Abgabe gründen könne. Die Bewohner von Bullock hatten aber gerade einmal genügend Einnahmen um ihr Überleben zu sichern und wären gar nicht in der Lage irgendwelche Steuern zu entrichten. Eine weltweit agierende Rumdestille, die ebenfalls keine Steuern zu zahlen brauchte, müsse sich daher natürlich ihre Zufahrtsstrassen selber bauen und könne ja dafür die eingesparten Mittel verwenden. Es wäre ihr aber gleichfalls möglich das Geld beispielsweise - natürlich völlig uneigennützig - zu politischen Bildungsreisen ihrer Volksvertreter zu verwenden, was doch auch eine Form von Basisdemokratie sei!

Wir erfuhren außerdem, dass in dem Archipel einige Inseln ganz in privatem Eigentum stünden und ein Besuch der übrigen für Schnäppchenjäger auch eher ungeeignet sei. Eigentlich waren die Bahamas für die Einheimischen selbst schon zu teuer geworden und sie störten manchmal im erwünschten Szenario, sofern sie nicht nur Diener darin waren. Oder sie ließen sich noch eben dekorativ in die Gesamtstimmung einbauen und konnten noch einmal geduldet werden. Jedenfalls gehöre das Ambiente den zahlenden Gästen und es müsse alles getan werden, ihren Ansprüchen zu genügen. Keine Anstrengung dürfe gescheut und kein Zugeständnis verweigert werden, wenn es dem Ziel diene, die Besucherzahlen zu erhöhen und den Cashflow zu verstärken. Ein Ausbleiben der ersehnten Klientel wäre mehr als schmerzlich. Solange das Produkt Paradies nur gut gemanaged würde fände es seine Konsumenten auch künftig und diese seien Existenz tragend seit dem Tag an dem die natürlichen Ressourcen der Inseln nicht mehr zur Ernährung seiner Bewohner alleine ausreichten.

Auf einmal erschienen mir die fotografierenden Strandwanderer in einem ganz anderen Licht. Nicht wir sollten uns in „unserer" Bucht belästigt fühlen, sondern die gnädige Duldung unserer Anwesenheit ergab sich nur aus unserem Wert als Fotomotiv. Diese Sichtweise teilte ich Gabriela auf deutsch mit, weil es schneller ging, und erntete dafür ungnädige Blicke aus der Runde. Immer noch auf deutsch fragte ich sie, ob die freizügige Präsentation ihrer Revue-Beine mit dem Tourismusministerium abgesprochen sei und weiter in die Runde, ob sie der Allmacht des Geldes immer noch zu huldigen gedachten, wenn sie einmal nicht mehr die Logenplätze der Welt besetzen würden?

In der Maßeinheit für die Macht und damit dem Besitzanspruch an der Welt ersetze zwar das Geld die waffentechnische Potenz immer mehr, am Resultat indes ändere sich dadurch nichts, gab ich zu verstehen. Zum Beispiel war im Rechtsverständnis der indigenen Völker Nordamerikas, der sog. Indianer, das Land keine handelbare Ware sondern mit den auf ihm lebenden Wesen untrennbar verbunden. Daher konnten sie weder die Tragweite von Kaufverträgen erfassen noch waren ihre Häuptlinge zu einem Verkauf von Land von ihnen zu autorisieren. Umstände, die den Eindringlingen bekannt waren, was sie aber nicht davon abhielt solche Verträge abzuschließen. Dieses sittenwidrige Verhalten war zwar nicht das Erste seiner Art, aber ein besonders dreistes Beispiel für eine monetäre Eroberung, das sich zum zweiten Standbein zum bisher nur militärisch und geheimdienstlich getragenen Imperialismus mauserte. Wenn aber erst Rotchina sein Wirtschaftswunder hinter sich habe und sich eine Milliarde weiterer Naturliebhaber um die letzten Paradiese stritten, könne dann noch das Wettrüsten der Moneten eine „gerechte Verteilung" der Naturschönheiten garantieren ?

Einhellig war die Meinung in der Runde, dass man seine Vorrechte zu erhalten gedenke und nicht mehr herausgeben wolle, was man einmal erworben hätte. Nach den Interessen der Einwohner der Berry Islands fragte keiner mehr. Ein Grundproblem erschien mir, dass die Urlauber ja nur eine sehr kurze Zeit am Ort blieben und in dieser Zeit möglichst viel Spaß abzuernten wünschten, auch auf die Gefahr hin den Urlaubsort dauerhaft zu schädigen. Die Einwohner mussten mit dieser Abnutzung leben und versuchten auch deshalb immer neue Gäste zu gewinnen. Das Naturparadies als Urlaubsort werde also durch ständig neue Touristenmassen übernutzt und erlebte einen Abwärtstrend der nur durch das zusätzliche Angebot von Sport-, Spiel-, Wellness-Einrichtungen und anderer Spaß-Gimmicks zu kompensieren war. Letztlich blieb von der Natur nur noch der touristisch wertvolle rudimentäre Rest, Sonne, Sand und Wasser, übrig. Wenn aber jeden Tag der Strand von Treibgut gereinigt wird, wovon sollen dann die Krabben leben? Und wenn man die alten Palmenwedel abschneidet, woher sollen denn die Webervögel ihr Nistmaterial holen?

Das war den Amis in der Runde ziemlich egal und hielten mit ihrer Meinung auch nicht hinterm Berg, dass ihnen ihre Dollars weiterhin alle Nutzungsrechte sichern sollten und sie zu keiner Einschränkung bereit seien, und das mit der Natur ausschließlich Sache der Leute am Ort sei. Wer ihr Geld nehme, müsse sich eben auf ihre Bedürfnisse einstellen. So hatten die anwesenden Einheimischen ihre netten Gäste noch nicht erlebt und wurden ganz still in der Runde.

Ich erinnerte mich noch an das „Piratenschiff" in der Lagune und fragte mich, ob es sich dabei um eine Filmkulisse handele und auch wir, ohne es zu wissen, in einer Art Disney-Land mitspielten.

Darüber, und was denn in der Welt überhaupt als echt zu gelten hätte, unterhielten wir uns in den folgenden Tagen. Einmal standen wir mitten in der Nacht auf, setzten uns aufs Vordeck und schauten auf die wenigen Wolken die eben noch von dem gerade untergegangenen Vollmond erhellt wurden. Mit ihren blaugrauen Unterseiten standen sie wie eine Luftschiffarmada tief gestaffelt im unendlichen Raum. Die Wasserfläche der Bucht war so ruhig, dass wir darin die Spiegelbilder der Wolken sehen konnten und dann sogar die Sterne. Als der Mond so weit unter den Horizont sank, dass sein Licht die Wolken nicht mehr erreichte, wurde es völlig dunkel, und über uns nur noch das Sternenmeer. Zuerst am Himmel allein und später als Spiegelung im Wasser. Selbst die Milchstrasse war als schwacher Schimmer nochmals unter uns. Rundum nur funkelnde Sterne und da wo vorher Land oder Wolken waren blieben nur leere schwarze Flächen. Es war als schwebten wir im Zentrum einer sternübersäten Hohlkugel.

Erst als wir uns bewegten waren die tanzenden Sternabbilder in den Wellen als Reflexionen zu erkennen. Die halbe sichtbare Welt war nur die Spiegelung der weit entfernten oberen Hälfte. Im dunkel der Nacht erschien der Himmel verheißungsvoll anziehend und wir entschwebten in den aufsteigenden Dunst einer losgelösten Stimmung.

Unter dem Druck der Mittagssonne duckten wir uns schnell wieder auf die Erde nieder, wie zur Huldigung ihrer Güte und mit sehnsüchtigem Blick weitab ihres beherrschenden Lichts zu einer verträumten Sphäre, in der noch immer unser Herz hing. Der Traum gehört der Nacht und das Paradies ist reale Anstrengung.

Die Touristen veränderten die Bewertung und die Sichtweise auf die Umgebung, weil ihr genusssüchtiges Selbstbewusstsein die Einheimischen überrumpelte. Ihr überschwänglicher Drang resultierte aus 50 Wochen des Machinen-Mensch-Daseins um sich nun in 2 Wochen konzentriert die lange entbehrten Gefühlevents zu verschaffen. Akribisch vorausgeplant, aber ohne Rücksicht auf die bestehenden Verhältnisse am Ort, wird im Wesentlichen eines verlangt: FUN. Und wie dieser Auszusehen hat bestimmt natürlich der „Gast". Dieser geballten Eruption an Begeisterung fürs Klischee hat der Einheimische natürlich nichts entgegenzusetzen. Ein Stellungskrieg in dem die Gegenseite im 14 Tage Rhythmus erneuert wird. Das bleibt nicht ohne Auswirkungen auf die Verteidiger. Müssen sie doch Angesichts der werbebotschaftsartigen Paradieserwartungen immer neuer Besatzerwellen endlich wankelmütig werden ob ihres einfach gestrickten Arrangements mit ihrer ureigenen Umwelt. Dabei müssten sie doch selbst am Besten wissen, wie ein Maximum an Lebensfreude innerhalb ihres angestammten Lebensraumes zu erreichen ist. Man bräuchte sich doch nur an ihnen ein Beispiel zu nehmen und könnte Gewiss sein auf ein höchstes Erlebnispotential. Stattdessen hatten die Besucher bereits ihr komplettes Eventprogramm mit im Gepäck nebst Drehbuch zu angesagten Posen für die Daheimgebliebenen. Davon abweichen zu wollen sollte sich bloß kein Gastgeber erlauben, das käme einer unangemessenen Kritik an der überlegenen Gesellschaftsform der Touristenvölker gleich. Ganz schön eingeschüchtert musste sich da ein Einheimischer fühlen und sein weniger forderndes Selbstverständnis geringwertiger einschätzen. Das Gegenteil ist der Fall. Der typische Tourist hat doch nichts weiter im Sinn als im polternden Kirmesgejohle seinen Vorstadtfrust loszuwerden und sucht dazu einen Ort auf, der neben einem exotischen Naturgenuss auch wenig Gegenwehr erwarten lässt. Dabei gründeten sie ihr protziges Selbstwertgefühl doch nur auf die trügerische Basis eines höchst virtuellen Wohlstandes. Der echte Wert ihres hochgelobten way-of-live stand aber nie zur Diskussion; obwohl höchst überfällig.

Wer der puren Versprechung Glauben schenkt, ist leicht bereit seiner eigenen Auffassung zu misstrauen. Rein theoretische Werte und Rechte, die vielleicht innerhalb einer fernen US-Gesellschaft gerade noch funktionieren solange das Erdöl sprudelt, sollten hier uneingeschränkt gelten? Investoren, die nur in Dollars dachten, träumten schon von Hoteltürmen mit Poollandschaften, Jetskiverleih, Tauchbasis und Fastfood-Ketten. Entrückt schwärmten sie von dieser Fata Morgana und versäumten auch nicht darauf hinzuweisen, dass an der Natur allein nicht viel zu verdienen sei. Klar, davon hätte der auf Eigennutz bedachte Weis(s)e auch keinen Profit erwarten können, wohl aber an der „Entwicklung".

Die Bewohner von Great Harbour Cay hatten viel Land billig an Ausländer verkauft und es nach internationalen Gesetzen ihrem eigenen Einfluss entziehen lassen. Der Grund dafür war der stetig gestiegene Wohlstand der mit den Fremden kam. Die suchten sich aber bald einen anderen Spielplatz und die Einwohner hatten nicht mal mehr das Geld sich ihr Land zurückzukaufen. Unglücklicherweise hatten sie sich im zugenommenen Wohlstand zunächst auch kräftig vermehrt, so dass die traditionellen Lebensgrundlagen wie Landwirtschaft und vor allem der Fischfang, auch wegen der Überfischung durch die Fremden, nicht mehr ausreichten. Freundlicherweise fand sich, als eine Art Retter in der Not, eine Cruiseship Companie die einen beachtlichen Bedarf an billigen Arbeitskräften hatte und den meisten Bewohnern von Bullock's Harbour damit wenigstens ein Überleben sicherte.

Wir hörten von einer Frau, die 60 Nichten und Neffen hatte, was aber lange noch kein Rekord war. Was für die Europäer die Schuldenfalle, war für die

Bahamen die Kinderfalle. Was für eine Karriere: Vom ehemaligen Sklaven, über die Subsistenzwirtschaft zum abhängigen Diener.

Es war Anfang September, und der erste Hurricane Danny war in den Golf von Mexiko gelaufen und hatte Teile von Louisiana überschwemmt. Hurricane Erika stand 145 Meilen ENE vor Antigua mit Richtung auf die Bahamas. Fast hatten wir vergessen, dass irgendwo da draußen eine Gefahr lauern konnte der wir nicht gewachsen waren. In den USA nannten sich manche Leute in völliger Umkehrung der Verhältnisse Stormchaser, weil sie mit Cameras bewaffnet hinter Wirbelstürmen herhechelten und ihren Mut feierten, wenn sie der Naturgewalt zum Glück nicht allzu Nahe gekommen waren. Ich liebe die Natur, hatte aber Respekt vor ihrer Gewalt und tat alles um Gabriela und mich zu schützen. Daher beschloss ich etwas traurig unsere Bucht zu verlassen und in die Lagune im Inselinneren auszuweichen. Ein Monat lang war die Bucht unser Zuhause und verließen sie nur einige wenige Mal. Wir fuhren gelegentlich zum Fischen hinaus, fingen aber nur große Barracuda, die wir aber wegen der Ciguatera, das Gift einer einzelligen Alge, das in der Nahrungskette kumuliert und für Menschen gefährlich werden kann, wieder frei ließen. Dann unternahmen wir zweimal den langen Fußmarsch zur Marina zum Einkaufen. Der Weg nach Bullock wäre zum einen noch weiter gewesen und zum anderen wurden nur im Marinashop unsere Kreditkarten akzeptiert, was unsere Barreserven schonte. Somit hatten wir kaum Kontakt zu den Leuten und verbrachten die meiste Zeit an unserem Strand und da bei Gartenarbeiten. Von überall aus der Umgebung sammelten wir Kokosnüsse die eben am auskeimen waren um sie an optimalen Standorten in einem Wäldchen einzupflanzen. So schufen wir uns einen kleinen Garten von dem wir nicht dachten, dass wir ihn so schnell verlassen mussten.

Leise und nur unter Segel verließen wir unser Paradies und fragten uns was wohl mit unserem Garten geschehen würde, wenn Erika direkt über uns hinweg ziehen würde? Ob die kleinen Pälmchen, die eben ihr erstes Blatt entrollten so etwas überstehen könnten, wollte Gabriela wissen und es war ihr anzusehen, dass sie nicht daran glaubte.

Wir fuhren um das Kap im Norden herum und in Richtung Little Stirrup Cay, der Insel der Kreuzfahrtschiffe. Heute war der einzige Tag in der Woche an dem kein Schiff kam und die Leute von Bullock hatten frei. Wir steuerten direkt auf Bertram Cove zu und in die Bucht hinein. Wir fuhren auf den Strand auf und stiegen aus. Hundert Hängematten waren an den eigens dafür gesetzten Palmen festgebunden und die leeren Sonnenschirmständer mit Kappen abgedeckt. Ein paar Hütten mit zugeklappten Läden und ein Dutzend geleerte Müllkörbe befanden sich an wohlbedachten Standorten. Gabriela fand dann doch noch etwas. Einen Kunststoffbecher mit der Aufschrift COCOCAY, Bahamas. So nannte das die Norwegian Cruiseline in ihren Prospekten. Das war auf keiner Seekarte zu finden, und auch der wirkliche Name des Ankerplatzes der Cruise-Ships fiel der Zensur zum Opfer: Slaughter Harbour! Es ging also schon soweit, dass man den Leuten verschwieg wo sie sich überhaupt befanden.

Der Zeitpunkt für die Einfahrt in die Lagune durch den künstlichen Einschnitt war schlecht gewählt, denn uns kam ein kräftiger Tidenstrom entgegen. Mit voller Motorkraft bewegten wir uns nur langsam und in Schlangenlinien durch die Engstelle. Kaum im Inneren war abrupt Ruhe. Der Motor summte nur leise und PIXEL glitt fast lautlos durchs stille Wasser. Wir fanden gleich eine passende Stelle in einer Ausbuchtung der Lagune in 4 Fuß tiefem Wasser. Zur

Sicherheit legten wir gleich zwei Anker aus und richteten uns häuslich ein. Der Lagunengrund war stark bewachsen und duster und am Ufer lag verstreut etwas Müll herum. Von unserem Platz aus konnten wir die Marina, einige Häuser von Bullock und das Piratenschiff sehen. Alles in allem kein Vergleich mit unserer Bucht. Deshalb hatten wir es auch fast eilig unser Dingi klarzumachen und an Land zu kommen. Wir wollten nach dem Einkaufen als nächstes zu dem kleinen Strand auf der Leeseite wo wir bei unserer Ankunft zuerst ankerten. Wir waren schon über einen Monat nicht mehr dort und hofften wieder die possierlichen kleinen Rochen zu sehen und vor allem: Keine Menschen.

Als wir an Land gingen kam geradewegs ein Dingi vom Piratenschiff auf uns zu und legte neben uns an. Rick und Jill, beide so knappe 50, sprachen uns an und wussten schon ziemlich über uns Bescheid. Die seltsamen deutschen Einsiedler mussten wohl schon Inselgesprächsstoff gewesen sein. Egal, Rick und Jill waren auch Aussteiger und passten daher ebenso wenig zu den Leuten wie wir. Jill kam aus England und fuhr in früheren Jahren mit ihrem Sohn und eigenem Segelboot hier charter. Rick war Ami und lebte schon lange auf dem Boot, das er selbst umbaute. Das Piratenschiff war ein Holz-Motorkreuzer von 38 Fuß aus den 40igern. Rick bolzte einfach einen Betonkiel unter, pflanzte einen Mast obendrauf und einen kleinen Dieselmotor hinein. Nach diversen Versteifungen im Rumpf und Vergrößerung des Ruders war der Motorsegler fertig. Wir freundeten uns etwas an und muss auch ausdrücklich Jill's Kochkünste loben, die ich einer Britin so nicht zugetraut hätte. Rick und Jill bereiteten ihre Altersversorgung auf der Insel vor, indem sie ein winziges Haus von einem britischen Drehbuchautor kauften um es als Ferienwohnung auszubauen und zu vermieten. Das Häuschen diente früher als Gästehaus und beherbergte auch schon Brigitte Bardot.

Als das Postschiff Viking Express mit einer Holzlieferung für die neue Veranda der Beiden kam, halfen wir ihnen beim Ausladen vom Schiff und Abladen am Haus. Dafür liehen sie uns auch ihren klapprigen Pick-up und wir konnten die entfernteren Bereiche der Insel erkunden, die uns für Fußmärsche zu weit waren. Dabei fanden wir auch den Müllplatz wo vom alten Kühlschrank bis zum Autowrack so ziemlich alles zu finden war was der moderne Mensch so hinterlässt. Die Viking Express war eben eine Einbahnstrasse und alles was die Insel damit erreichte blieb auch da. Wenn alle überschwemmungsbedrohte Gegenden, wie die Malediven, so verfahren würden, so könnte man doch gelassen dem Abschmelzen der Pole entgegensehen, sinnierte Gabriela etwas bitter. Die Menschen auf den Inseln würden sich dann auf den verbrauchten Gütern sitzend über den gestiegenen Wasserspiegel erheben können. Die Energie-Bilanz wäre dann auch ausgeglichen, weil die freigesetzte Wärme bei der Produktion der Güter eben die sei, die den Wasserstand steigen ließ.

Machet Euch die Erde untertan!

Der Verfasser dieser fragwürdigen Empfehlung hatte es aber leider versäumt Anleitungen für den Fall zu hinterlassen, wenn das Ziel erreicht ist. Ein tragisches Versäumnis, oder aber hässlichste Absicht der Irregeleiteten.

Gerade diese sture, religiöse Inbrunst war es auch, die mich hätte auf eine von diesen Palmen bringen können, wenn ich dafür nicht meine abgeklärte Aussteigerhaltung hätte Opfern müssen. Diese alles erduldende Unterwürfigkeit war sicher auch schon während der Sklaverei eine tragende Säule der Weltordnung.

Die Reichen und Einflussreichen waren die Lieblinge der Götter des Altertums. Oder auch anders herum, musste der Reiche und Einflussreiche sicher ein Liebling der Götter sein, sonst wäre er nicht reich. Diese Auffassung war lange gültig und die Stimmigkeit wurde in der Beobachtung bestätigt und kam der Erkenntnis eines Naturgesetzes gleich. Plötzlich aber stellte ein Prediger eines Volkes nomadisierender Analphabeten die Welt auf den Kopf. Nicht der Reiche sollte der Liebling der Götter sein, sondern der Geknechtete, der sein Elend erduldende, sollte die besondere Liebe des einen Gottes empfangen, wenn er nur daran glaube.

Natürlich wäre auch diese Heilslehre wie alle anderen im Zeitstrom verschüttet und vergessen worden, wenn sich nicht im alten Rom eine eigenartige Gesellschaftsstruktur entwickelt hätte. Den wenigen wohlhabenden Patriziern standen Hunderttausende römische Bürger gegenüber, die im Bewusstsein die Welt zu beherrschen, gleichzeitig Hunger litten. Ein schwer zu bewältigender Spagat, der einerseits dazu führte, dass die Getreidespeicher gelegentlich geplündert wurden, aber die Staatsmacht selbst nicht angezweifelt werden konnte. Als Ausweg aus dem entstehenden Gefühl der Ohnmacht war die neue Lehre wie geschaffen. Der neue Gläubige hatte ein ganz anderes Selbstverständnis und Stolz. Er fühlte sich unendlich aufgewertet.

Zunächst musste diese Auffassung den Machthabern natürlich Unbehagen bereiten und auf ihre Ablehnung stoßen. Als die Patrizier aber erkannten, dass diese Lehre wie keine Andere in der Lage war die bestehende Machtverteilung zu stützen und ihre Akzeptanz sogar zu erhöhen, gaben sie ihren Widerstand schnell auf. Mehr noch, sie förderten sie nach Kräften, und das bewährte sich bis heute.

Als in Mexiko, noch vor der Bekehrung zum Christentum, einem Mädchen eine dunkelhäutige Madonna erschien, wurde sie von den Kirchenoberen zunächst abgelehnt. Als der Druck aus dem Volk nach Anerkennung der Erscheinung aber vehement wurde, hatte man sie, nach einer gespielt widerwillig erneut erstrittenen Prüfung, anerkannt. Die Akzeptanz für den neuen Glauben stieg bei den Mestizen enorm.

Seid fruchtbar und mehret Euch !

Mit über 200 Millionen Tonnen reiner Biomasse ist der Mensch das erfolgreichste Landlebewesen. Alle Ameisenarten zusammen sind mit ca. 80 Mio. Tonnen weit abgeschlagen die Zeithäufigsten, was aber die Verhältnisse noch beschönigt. Denn mit Höhe des Entwicklungsstandes sinkt in der Regel die Menge der Arten und besonders auch die der Individuen. So gibt es etwa 22000 Fischarten, 10000 Arten an Vögeln und 4500 an Säugetieren. Darin sind zum Beispiel die Orang Utan mit nur wenigen tausend Exemplaren vertreten. In reiner Biomasse ausgedrückt sind das also nur wenige Tonnen. Wünschenswert aber wären da schon einige zehntausend Individuen um ihre Art zu sichern - nicht aber Milliarden.

Die jährliche Pflanzenproduktion auf der Erde beträgt etwa 120 Milliarden Tonnen. 12 Mrd. Tonnen sind allein Getreiden u.ä. zur Ernährung der Menschen. Nimmt man alle Pflanzenprodukte zusammen die der Mensch für sich alleine in Anspruch nimmt, wie Viehfutter und Holzeinschlag, so ist dies rund ein Drittel der Gesamtproduktion von Mutter Erde.

Alle Tiere der Welt besitzen zusammen eine Biomasse von 2,3 Mrd. Tonnen, unsere Nutztiere allein schon 600 Millionen, deutlich mehr als der Krill in allen Ozeanen zusammen, der zwischen 200 und 500 Mio. Tonnen schwankt.

Monokultur Mensch !

Gabriela und ich werden keine Kinder haben, dazu sind wir viel zu sehr Öko. Die bekannten Probleme einer Monokultur Mensch sollten denen, die unbedingt eigene Kinder haben wollen, die Frage nahe bringen, ob das nicht höchst egoistisch ist? Die Menschen sind sich genetisch so ähnlich, dass sie alle zu einer einzigen Art gehören und sich somit beliebig untereinander kreuzen lassen. Bei gleichzeitig sieben Milliarden Exemplaren dürften deshalb bereits alle wesentlichen Erbinformations - Kombinationen vorhanden sein und es wäre kaum ein Verlust und leicht zu verschmerzen, wenn das Kind zwischen Frau Hinz und Herrn Kunz als weitere minimale Variante nie das Licht der Welt erblickten würde, um darin schon zwangsläufig diesen düsteren Schatten zu werfen. Mit jedem weiteren Saugling wird das Leben der vielen Kinder, die bereits auf der Welt sind, ein Stück hoffnungsärmer.

Das egoistische Bestehen auf genverwandtem, eigenem Nachwuchs nährt den Verdacht auf eine überkommene Rassenhygiene und, die Kenntnis der Probleme einer Überbevölkerung vorausgesetzt, eine leise Tendenz zur „Triebtäterschaft". Wer Schwangerschaften vermeiden kann und es nicht tut, fördert Umweltzerstörung und Massentierhaltung.

Gabriela und ich lieben die Pelikane, die Tukane und Sean, den jungen Hahn viel zu sehr, um bei der Folterhaltung seiner Artgenossen in so genannten Batterien nicht zu fragen, was das für Leute sein müssen die das tun.

Manchmal essen wir auch Fleisch, dann aber meist Fisch den wir in der Regel sogar selbst fangen indem wir einen Kunstköder verwenden der einem Raubfisch eine Beute vorgaukelt. Er wollte also einen anderen Fisch erbeuten und dabei erwischte es ihn dann selbst. Nie würden wir ein Tier verspeisen das sein Leben bis dahin nicht hatte führen können, wie es seiner Art entsprach.

Auch in Bullock war die Hälfte der Bevölkerung unter sechzehn Jahren und wo vor zwei Generationen noch 40 Leute lebten, waren es jetzt 400. Um in die Zukunft zu schauen ist hierbei nur einfache Arithmetik nötig, die sich daraus ergebenden Probleme verlangen schon mehr Vorstellungsvermögen. Eine Fähigkeit, an der es den Verfassern der Aufforderung zur massenhaften Vermehrung mangelte und die Gläubigen zum Opfer des grausamsten Irrtums werden lässt. Die Verfechter dieser Doktrin und ihre Nachfahren hatten allerdings gute Gründe den eingeschlagenen Weg stur zu verfolgen, sicherte es ihnen doch eine, zu allen Zeiten wachsende, Nachfrage und Einkommen.

The Primeminister, the Right Honorrible Sir XXX of the Commonwealth of the Bahamas, so der vollständige Titel des Häuptlings des 270000 Seelenstaates, hatte es immer verstanden seinen Wohlstand zu mehren, während alle Hotels auf Paradise Island vor Nassau aus bahamerischem Besitz in das Eigentum multinationaler Konzerne überging. Eine ruinöse Entwicklung die überall zu beobachten war und dem Verhalten eines Solchen gleichkommt der seine Saatkartoffeln aufisst.

„Squeezy", ein Grossneffe von Tobi der die Hühner nach Great Harbour Cay brachte wusste von alledem natürlich nichts, war aber zu recht stolz manierlich lesen und schreiben gelernt zu haben. Dieser junge Schelm war ein aufmerksamer Naturbeobachter und half mir bei meiner Leidenschaft nach netzbauenden Spinnen zu suchen. Als Gegenleistung erhoffte er sich Virginia Zigaretten mit denen ich als Nichtraucher aber nicht dienen konnte und versuchte stattdessen mit meinen Fertigkeiten in technischen Dingen nützlich zu sein. So verschweißte ich einen gebrochenen Bugrollenbeschlag mittels eines Autoakkus, Starthilfekabel und eines Kohlestückes, das ich aus einer Taschenlampen - Batterie ausschälte. Das Ergebnis war nicht schön, aber hielt. Squeezy stellte mich der beiwohnenden Dorflehrerin als ein in sprachlichem Ausdruck zwar etwas minderbemittelten, aber in technischen Problemlösungen durchaus brauchbaren, Deutschen vor. Da schien doch sogar bis hier den Trägern meiner momentanen Nationalität ein Ruf vorausgeeilt zu sein. Wenn man Leuten wie mir genau erkläre was sie zu tun hätten, könne man durchaus auf verwertbare Ergebnisse hoffen fuhr er weiter aus, wie mir Gabriela später übersetzte. Meine Englischkenntnisse waren eben nicht so gut, dass ich simultan die Botschaft erfassen und parieren konnte. Gabriela rangierte schon daher in der Werteskala deutlich höher, weil ihre sprachliche Geschliffenheit beeindruckte. Die hatte sie nicht zuletzt in mehrere Monate dauernden Reisen im Greyhound-Bus von Seattle bis nach Oklahoma City erworben.

Die Beherrschung der Sprache, stellten wir fest, ist eine Grundvoraussetzung für das erfolgreiche Aussteigen in einem fremden Land. Ein Urlauber kann sich vielleicht noch mit Gesten soweit ausdrücken, dass er sich versorgen kann. Wer aber gelegentlich Arbeiten, oder die Probleme der Einheimischen verstehen will, muss Grundkenntnisse der Sprache besitzen. Das bestätigte uns auch Rick der öfters und über längere Zeit mit seinem Boot in der Dominikanischen Republik weilte. Darüber hinaus fand er unsere Überlegung in einer Bucht der Nordküste der Dom.Rep. ein Zuhause zu finden nicht besonders gut, weil die Buchten doch recht verschmutzt und die Küste, vor allem im Winter, ziemlich rau wäre. Eigentlich wollten wir gerade die Winter dort verbringen und mussten die Sache daher noch einmal überdenken. Augenblicklich hatten wir sowieso ande-

114

re Probleme, denn der Hurricane Erika man Kurs auf die Bahamas und verstärkte sich noch bis zur Kategorie zwei. Als wir am Abend im Boot noch überlegten, ob wir uns mit PIXEL in die Mangroven verziehen, oder in der Lagune bleiben sollten, zog ein heftiges Gewitter auf. Mit ein paar Regentropfen bei Windstille fing es ganz harmlos an. Ich traute der Sache allerdings nicht und verhielt mich nach dem Motto: Kommt der Regen von dem Wind, zurre alles fest geschwind! Kaum war ich damit fertig, fielen die ersten Böen ein. Innerhalb Sekunden sah die Lagune aus als wäre eine Schiffsladung Trockeneis hineingeschüttet worden. Das Wasser sprudelte regelrecht und hatte eine Schicht wie fliegender Nebel über sich. Dann krachten mehrere Blitze fast gleichzeitig um uns herunter und ich dachte schon, dass wir getroffen seien. Das Gewitter zog schnell weiter und der Regen war auch bald vorbei. Ich ging nach draußen und barg unsere Regenplane die sich gelöst und um ein Achterstag gewickelt hatte. Der halbe Himmel war immer noch von andauernden Blitzen hinter dicken Wolken beleuchtet und ich überprüfte PIXEL gründlich auf Schäden. Zuerst untersuchte ich im Inneren ob irgendwo Wasser einsickerte, dann alles außen. Ich war schon fast beruhigt als ich sah, dass unser Air Marine Windgenerator nur noch in Zeitlupe lief. Er war nicht auf Stopp geschaltet und alle Kabel unversehrt. Trotzdem war er nicht zum laufen zu bringen. Unser Stromerzeuger war also hin. Was tun? Wir hatten noch Gewährleistung darauf und es war nur die Frage wie wir ihn nach Flagstaff, Arizona, und wieder zurückbekommen würden. In der Zollstelle am Flugplatz erfuhren wir, dass die Ausfuhr kein Problem sei, die Wiedereinfuhr dagegen schon. Wir ließen aber nicht locker und fanden eine Lösung. Wir beauftragten den Piloten der Sapphire Aviation mit Sitz in West Palm Beach unseren defekten Generator mitzunehmen und von dort mittels Paketdienst weiterzusenden. Für die USA handelte es sich um eine Wiedereinfuhr die wir mit Kaufbeleg nachweisen konnten. Die Reparatur war Kostenfrei und geschah über Nacht. Die Rücksendung nach West Palm Beach übernahm die Firma Southwest Windpower, wofür ich mich hier nochmals bedanke. Danach nahm unser Windgenerator wieder das Kleinflugzeug nach Nassau und ging als Pleisure Boat Sparepart ohne Tax durch den Zoll, weil es nur eine Rundreise unternommen hatte, wie unser Dokument mit drei Durchschlägen nachwies. Beim nächsten Flug der Sapphire Aviation nach Great Harbour Cay nahm es der Pilot wieder mit und wir hatten nach einer fünf Wochen dauernden Odyssee unseren Generator zurück. Endlich wieder mit Strom und Licht versorgt, mussten wir aber jetzt leider feststellen, dass die Elektronik unseres CD-Players auch vom Blitz zerstört wurde. Ein Verlust, der uns besonders traf, weil es (fast) unsere einzige Unterhaltung in den langen Nächten war.

Zweieinhalb Monate waren wir jetzt schon hier und unsere Propangasflasche wurde langsam leer. Weil wir nicht wussten, wie lange wir noch auf den Windgenerator warten mussten, hatten wir schon bei Zeiten das Gas rationiert. Wir kauften uns importierte Idaho-Kartoffeln die wir in Alufolie einschlugen und im Feuer aus Kokosnussschalen garten. Einen Grillrost besorgten wir uns aus einem alten Herd vom Müllplatz und rösteten darauf selbst gefangenen Fisch. Am kleinen Strand unseres ersten Ankerplatzes waren Schwärme von Squerrel-Fischen und auch Snapper, die wir gut von den Felsen aus angeln konnten. Besonders Gabriela entwickelte dabei eine Fertigkeit, die mich ein Robinsonleben in Erwägung ziehen ließ. Letztlich war aber nicht zu klären, wer Freitag sein und das Baströckchen tragen sollte.

Dann ging uns das Gas ganz aus und zum Frühstück gab es nur noch lauwarmen Fruchtsaft. Wir standen vor der Frage, unsere Gasflasche mit dem Postschiff nach Nassau zu schicken und zwei Wochen darauf zu warten, oder gleich selbst hin zu fahren. Dann war aber der Windgenerator endlich eingetroffen und hatte uns damit die Entscheidung abgenommen. Aufbruch nach Nassau. Vorher wollten wir uns aber doch noch das Haus von Curd Jürgens anschauen und machten uns auf den Fußmarsch. Es war nach der Wegbeschreibung von Jill leicht zu finden und waren doch recht enttäuscht, als wir es sahen. Ein dunkles Holzbretter-Häuschen mit einem Lattenzaun außen rum. Der Zaun war zum Strand und Meer offen und nur die tolle Aussicht war bemerkenswert. Den Weg hätten wir uns auch sparen können, behielten ihn aber doch gerne in Erinnerung, weil wir Unterwegs einer Menge Hühner mit kleinen Küken begegneten. Seltsamerweise waren sie alle ziemlich gleich Jung und trugen über ihrem Flaum schon richtige Flügelfederchen. So friedlich das alles und mussten doch daran denken, dass wir bisher von tropischen Stürmen verschont geblieben waren und mit uns die gesamten Bahamas. Auch Erika zog ohne Landkontakt weiter aufs Meer hinaus. Dieses Jahr hatten wir eine Menge Glück damit, das wussten wir inzwischen, und dachten auch an Leute aus Bullock die bereits andere Zeiten erleben mussten. Wir gehörten jetzt schon fast zur Einwohnerschaft und machten zum Abschied noch einmal die Runde. Zu Mary vom Marinashop, Squeezy, Paul von der Poolbar, Mama & Papa T, dem nettesten Customs Officer Mr. Roach, Rick, Jill und Sean, der schon ein richtiger Hahn geworden war.

Die Fahrt nach Nassau war gut in zwei bequeme Tagesetappen einzuteilen. Die Erste ging von Great Harbour Cay über die flache Bank im Lee der Berrys entlang nach Chub Cay genau Richtung Süden. Eine gemächliche Tour durch ruhiges Wasser mit nur einer netten Unterbrechung. „Schnell Umdrehen", rief mir Gabriela vom Bug aus zu und ich reagierte sofort. Als wir nach einem perfekten Aufschiesser die alte Stelle überquerten, sah ich es auch: Eine Karawane von etwa dreißig Langusten, die in einer Reihe über den flachen Sandgrund zogen. Ein ergreifender Anblick und so schön, dass wir fast weinen mussten.

Bei Chub Cay übernachteten wir im Mama Rhoda Channel, einem Cut zum tiefen Meer mit kaum zu ertragender Strömung. Ich war eben dabei das Nudelwasser unseres Abendessens abzugießen, als ein Atlantik Manta mit 1,5 Meter Spannweite an uns vorbeischwebte. Ein kurzer, kräftigerer Flügelschlag, und weg war er. In den Bahamas spielte sich das Meiste eben unter Wasser ab und ich nahm mir für die Zukunft vor, mir eine Taucherbrille in meiner optischen Stärke anzufertigen, um komfortabler Schnorcheln zu können. An Scuba-Diving war ich weniger interessiert, weil mich die umfangreiche Ausrüstung abschreckte. Allgemein ist aber der Besuch von Korallengewässern ohne die Beobachtung der Unterwasserwelt, zumindest in den Bahamas, unverzeihlich. Die Inseln selbst bestehen komplett aus Limestone, daher zwar wenig fruchtbar und artenarm, aber das umgebende Meer wird dadurch nicht eintrübt. Einmal aufgewühlter Sand glitzert im Sonnenlicht wie Schneegestöber und sinkt nur gemächlich wieder herab. Ganze Grüppchen von bunten Schwarmfischen schweben im kristallklaren Wasser als würden sie von unsichtbaren Mobilefäden gehalten werden. So friedlich kann der Lebenskampf aussehen.

Am nächsten Tag starteten wir früh und mussten schon wieder wegen des schwachen Winds und unseres Kurses nach Südost den Motor zu Hilfe nehmen. Zwischen der Great Bahama Bank und Nassau auf New Providence ist ein Tiefseegraben. Dieser Tongue of the Ocean genannte Einschnitt reicht überall mehr als 3000 Meter tief und gilt an seinen Flanken als bestes Hochseeangelrevier der West-

Indies. Aus unserem VHF-Funkgerät erfuhren wir von einem Fischer aus der Umgebung der in diesen Tagen ein paar Schwertfische von insgesamt 1000 pounds herauszog. Vom Erlös konnte er auf jeden Fall ein halbes Jahr leben. Zum Glück eigneten sich diese Riffgewässer nicht für Netze, sonst wären sie sicher schon leer gefischt. Das Angeln mit Leine und Kunstköder ist meiner Ansicht nach sowieso die einzig akzeptable Art zu fischen.

Die niedrigen Kalksteininseln tauchten sonst immer erst so spät vor uns auf, dass wir manchmal dachten, sie seien im seichten Wasser bereits überspült worden. Nassau dagegen war an den hohen, eckigen Hotelklötzen schon von weiter her zu sichten und wirkte zumindest auf diese Entfernung nicht sonderlich anziehend. Bevor das Land selbst sichtbar wurde, sah es aus, als würden die rosa und zartgrauen Hotelklötze wie verlorene Legosteine im Meer treiben. Je näher wir kamen, desto mehr hatten wir aber auch wieder das Gefühl ganz winzig zu sein. Eine Empfindung, die uns in den vergangenen Monaten fremd geworden war und jetzt erneut klarmachte, dass die Größenverhältnisse der zivilisierten Welt nicht wirklich in diese Natur passten. Einfach zuviel Mensch auf zuwenig Welt.

Ins groteske vergrößerte Ameisenbauten voller hektisch wuselnder Buffet-Löwen. Nie wieder Urlaub, versprachen wir uns, als wir in den Hafen zwischen der Freizeitmetropole auf Paradies Island und New Providence einliefen. Um Missverständnissen bei den Gästen vorzubeugen, hatte man das frühere Hog Island (Schweineinsel) noch eiligst in Paradies Island umgetauft. Die Vorstellung eines Strandes der von diesen kleinen, dunkelgrauen Schweinchen bevölkert wäre, hätte uns aber sicher mehr entzücken können als der Anblick dieser planschenden rosa Riesenbabys.

Wir legten für drei Tage am Steg einer Marina an, um unsere Einkäufe leichter an Bord zu bringen, und wollten uns auch ein bisschen Komfort in Form von warmen Duschen und geräumigen Waschräumen gönnen. Annehmlichkeiten, deren Bedeutung wir aber stark überschätzten. Wir hatten uns schon so an das einfache Leben gewöhnt, dass wir den ungewohnten Luxus gar nicht als Verbesserung empfanden. Ganz im Gegenteil war uns recht unangenehm, dass die Anlagen nicht für uns alleine da waren. Schon der ungewohnte Geruch der verwendeten Reinigungsmittel war wie die Duftmarke eines fremden Revierinhabers. Unbehaglich war vor allem wenn nachts jemand über den Steg und im Abstand von nur wenigen Meter an uns vorbei ging, während wir unruhig schliefen. Als wir nach zwei Übernachtungen endlich ablegten, fühlten wir uns deutlich wohler. Reichlich mit Propangas, Fruchtsäften, Bier, Käse, Obst und frischem Gemüse versorgt, suchten wir einen Ankerplatz im Bereich des riesigen Naturhafens. Durch den Gezeitenstrom war aber überall kaum Sand über festem Fels und wir drehten viele Kreise im seichten Uferbereich nicht weit der Befestigungsmauer zur Stadt. Dann sah ich am Grund einen roten Kanister liegen und wie er sich bewegte war klar, dass es die abgesoffene Boje einer Mooring war. Ich ging auf Tauchstation und sah mir die Sache genauer an. Da war ein Motorblock eines fetten V8 halb im Grund eingewachsen und durch einen Zylinder ging eine dicke, verrostete Kette. Daran war ein stark bewachsenes Tau mit dem ausgeblichenen Kanister. Ich zog kräftig an der Kette um den Halt zu prüfen, da schoss ein kleiner, rabenschwarzer Fisch aus einem Zylinder heraus und griff mich beherzt an. Das handtellergroße Kerlchen stoppte erst als er auf ein paar Zentimeter an meine Schwimmbrille heran war. Er drehte sofort um und startete den nächsten Angriff, bis ich mich überwältigt sah und zur Flucht entschloss. Da war auch das Fischchen zufrieden

120

und zog sich in sein festsitzendes Motorhome zurück, das er so tapfer verteidigen konnte. Ich übernahm eine Festmacherleine von Gabriela, mit einem Stück Schlauch gegen das Durchscheuern darum, und machte PIXEL vorsichtig an der Kette fest. Eine wahrhaft sturmsichere Mooring mit eigenem, furchtlosem Wächter.

Nicht weit weg war eine Anlegemöglichkeit für Dingis und an der Strasse sogar eine Zapfstelle für Trinkwasser. So übel war es hier also gar nicht und wir blieben ein paar Wochen. Bei den vielen durchreisenden Yachten lernten wir einige Leute kennen und merkten, dass es auch hier richtig ausgetretene Pfade gab, von denen die wenigsten abwichen. Meist waren es Urlaubsreisende und häufig auf Charterbooten unterwegs, die den Empfehlungen von Reiseführern und Boating Guides folgten, um die anerkannt schönsten Plätze abzuhaken. Manche aber waren schon regelrechte Langzeiturlauber wie Uwe und Lesley aus Bremen mit ihrer Yacht TUVALU die sie in den USA kauften. Sie wollten ein Jahr damit herumfahren, dann nach Hause zurückzukehren um wieder das gewohnte Leben aufzunehmen.

Wir waren richtig erschrocken. Auch für uns würde die Zeit kommen wo wir wieder arbeiten und dazu auch wieder nach Deutschland zurück mussten. Aber dann wieder ein normales, bürgerliches Leben führen? Mit Werbebroschüren für Matratzen und Kücheneinrichtungen im Briefkasten? Mit TÜV-Terminen fürs Auto und Talkshows im Fernsehen? Zuerst fühlten wir Mitleid mit den Beiden, dann aber auch schon Selbstmitleid. Was uns da Uwe und Lesley angetan hatten wussten sie nicht, aber es war schlimm. Ab diesem Zeitpunkt fühlten wir einen Trennungsschmerz. Es war wie die Vertreibung aus dem Paradies als wir uns eingestehen mussten, dass es so nicht ewig weitergehen konnte. Bisher hatten wir das weit vor uns her geschoben, jetzt mussten aber ein paar Entscheidungen her, um nicht von den Ereignissen überrollt zu werden. Eine ganze Zeit hatten wir uns schon treiben lassen, was gar nicht so unsere Art war. Einerseits gab es so viele andere Orte und Ziele, die wir am Besten alle gleichzeitig erreichen wollten. Andererseits gefiel es uns in den Bahamas auch ganz gut. Nur könnten wir hier PIXEL für ein halbes Jahr kaum sicher abstellen, noch könnten wir selbst hier auf Dauer bleiben.

Etwas ziellos verließen wir Nassau in Richtung der Exumas, um meinen Geburtstag nicht im Ferientrubel der Stadt verbringen zu müssen. Die Exumas waren die Rennstrecke der nordamerikanischen Yachties, die es hinter der Inselkette als Wellenbrecher mal so richtig laufen lassen konnten. Mehrere 35-footer legten sich mit uns an und mussten doch frustriert feststellen, dass so ein stramm geführter Catamaranwinzling ein ernstzunehmender Renngegner sein konnte. Aber auch diese lächerliche Bestätigung konnte meine Stimmung nicht mehr aufhellen und die Feststellung, dass sich alle Inseln der Bahamas doch irgendwie stark ähnelten trug auch nicht gerade dazu bei.

Wir fuhren nach Nassau zurück, trafen am frühen Abend dort ein und konnten auch unsere Mooring wieder belegen. Am Morgen ärgerten wir uns über den rußigen Qualm, der von den Generatoren der Kreuzfahrtdampfer zu uns herüberwehte und flüchteten in die Stadt. Dort stießen wir auf eine Beerdigungsprozession und wichen in eine Kneipe am Straßenrand aus. Darin begann ich schon am Vormittag Bier zu trinken und kam mit einem Gast darüber ins Gespräch, wie die gespielte Fröhlichkeit des Bestattungszuges zu verstehen sei. Der Mann war davon überzeugt, dass das Bewusstsein der Verstorbenen körperlos weiterexistiere, nur leider keinen Kontakt zu den Lebenden herstellen könnte. Dennoch sei dieses Mysterium fühlbar und lud uns ein, diese Erfahrung in einer Predigt vermittelt zu bekommen.

Ich entgegnete, dass Denken auf elektrischen Effekten beruhe, die von Ionen verursacht werden. Eine funktionierende Chemie ist deren Grundlage und somit letztlich des Bewusstseins. Mit einfachen chemischen Verbindungen wie zum Beispiel Alkohol sind die Sinneseindrücke und deren Verarbeitung schon zu stören. Auch mit halluzinogenen Stoffen aus Pilzen aus der mexikanischen Steppe, oder durch Heroin und LSD, so durcheinander zu bringen, dass das Bewusstsein und die Persönlichkeit komplett verändert werden. Ein weiterer Hinweis auf die chemische Ursache des Bewusstseins wäre eine teilweise Zerstörung des Gehirns und der daraus resultierenden Veränderung der Persönlichkeit. Wer schon einmal einen Menschen mit Altersdemenz erlebt hat, weis um die Reduktion des Bewusstseins im Grad des Niedergangs der Hirnfunktionen. Der Tod ist Endpunkt eines Vorgangs des Erlöschens von Bewusstsein und Persönlichkeit als Folge des Ausfalls der Chemie der Versorgung. Entweder in Sekunden-Bruchteilen bei einem Unfall, oder auch als ein langer Zerfallsprozess bei Krankheit.

Welches Bewusstsein sollte dann in den Himmel kommen? Das, zu irgendeinem Zeitpunkt als Saugling? Oder zufällig das am Tage des 41. Geburtstags? Oder das Letzte noch eben verfügbare, Sekunden vor dem verifizierten Tod? Dann wäre der Himmel voller Idioten und in Ermangelung von Pflegepersonal wären die Zustände eher die einer Hölle. Und das alles zum Pläsier eines kosmischen Zensors?

Darauf wusste mein Gegenüber auch nichts zu entgegnen, lehnte aber meine ketzerischen Ausführungen schon intuitiv ab. Die Einladung zur Predigt erneuerte er allerdings auch nicht und schien eher erleichtert, als wir uns verabschiedeten und weiter zogen. Gabriela erkannte natürlich meine Grundstimmung, und auch die Biere auf nüchternen Magen, als Ursache für meine unduldsame Haltung und meinte, ich solle doch den Leuten nicht noch ihre letzte Hoffnung nehmen. Da widersprach ich energisch und behauptete, dass diese unhaltbaren Schutzbehauptungen der Religionsfunktionäre und das Vertrösten auf nie zu erbringende Belohnungen die Leute um das Leben selbst betrüge und den Raum für wirkliche Inhalte schmälere. Kaum hatte ich das ausgesprochen, da fiel es mir wie Schuppen aus den Haaren, dass meine eigene hartnäckige Suche nach irgendeinem Sinn eigentlich in die selbe Falle führte, der z.B. auch alle religiös Gläubigen bereits zum Opfer fielen. Kein Tier ist so dumm sein ganzes Leben in den Dienst einer Suche zu stellen, deren erfolgreiches Resultat vielleicht sogar unerfreulich ist. Zumal sich schon helle Scharen ergebnislos daran versuchten und meine eigenen Anstrengungen nicht mehr Aussicht auf Erfolg versprachen, als die in einer Lotterie. Da beschloss ich es künftig wie Blaise Pascal zu halten, der sagte: Lotterie ist Steuer für Dummheit!

Ich, für meinen Teil, glaube jedenfalls unerschütterlich an ein Leben *vor* dem Tode!

Regelrecht erlöst durch meine neue Lebenseinstellung, verließen wir Nassau mit Kurs auf Florida. Mit vollen Segeln und endlich einmal achterlichem Wind rauschte PIXEL vom Tillerpilot auf Kurs gehalten nach WNW. Am Morgen des dritten Tages erreichten wir Bimini und legten unsere Anker frech, genau vor dem Verwaltungsgebäude, aus. Eher rührend kam uns das bisschen weihnachtliche Dekoration vor, die an Pfosten genagelt wurde denen der Anstrich in großen Fetzen abblätterte.

Weihnachten selbst war eine Mischung aus heimeligem, europäischem Ritual und bahamerischem

Junkenoo. Ein umherziehendes, aufdringliches Lärmspektakel mit Trillerpfeifen, das wir in musikalischem und choreografischem Ausdruck mit minus vier auf der nach unten offenen Geschmacksskala bewerteten. Am ersten Feiertag wurden wir erstmals davon heimgesucht und ich war schon der Verzweiflung nahe, als uns der zweite Aufguss an Silvester ereilte. Dann waren aber auch die Akteure geschafft und brauchten eine Erholungszeit, auch um ihre Leberwerte wieder einzupegeln. Für uns brach jedenfalls eine ruhige und beschauliche Woche an, in der wir auf ein Wetterfenster zur Überquerung des Golfstroms warteten.

Als der starke Wind endlich nachließ fuhren wir sofort am nächsten Morgen los. Die Restdünung war so hoch, dass ich die ganze Strecke von Hand steuern musste und einmal sogar eine satte Patenthalse verursachte, die nicht ungefährlich war. Da nahm ich das Groß herunter und fuhr mit Genua und Arbeitsfock alleine weiter. Weil so gezogen das Ruder schlecht reagierte, musste ich trotz Wind von hinten den Motor mitlaufen lassen. Wir fuhren in Schlangenlinien um den größten Wellen ausweichen. Eine anstrengende Sache, und ich war erleichtert, als die Skyline von Miami auftauchte. Da fiel mir ein, dass wir jetzt auch die UKW-Sender Arrow und Classic Rock empfangen konnten, die meist Oldies spielten. Damit konnten wir leicht den Motor übertönen und liefen in bester Laune in Miami ein. Wir machten in der piekfeinen Miami Beach Marina fest und meldeten uns telefonisch bei den Behörden. Man wies uns an zur Immigration ins Hafengebiet zu kommen um dabei auch unser neues Cruising Permit zu holen. Wir nahmen uns ein Taxi und waren nach so langer Zeit ohne Großstadtverkehr selbst als Passagiere etwas ängstlich. Nach den Formalitäten verließen wir Miami Beach auch wieder und begaben uns zu einer Ankorage vor dem Stadtteil Coconut Grove von dem uns Rick erzählt hatte. Dort lagen über Hundert Boote, die auch dauernd bewohnt wurden, aber häufig nicht mehr in seetüchtigem Zustand waren. Eine Art Houseboat-Community mit der Plaza vor der Cityhall als Dorfplatz. Nebenan waren auch noch Restaurants, eine Bar und eine Tankstelle am Pier mit kostenfreier Trinkwasserzapfstelle. Am Geländer vor der Cityhall konnte man das Dingi festmachen und ein paar hundert Meter weiter in der Stadt waren Supermarkt, Waschsalon, Haushaltswarenladen, Buchladen und vieles mehr.

Am Montagabend, am 2. Februar 98, hätte es uns dort fast erwischt. Eine Front zog über Südflorida mit heftigsten Gewittern und Tornados. Es war gerade dunkel geworden, als die westliche Hälfte des Himmels von den dauernden Blitzen neongrün leuchtete und die Wolken über dem Meer im Osten lilarot. Wir ankerten in sehr seichtem Wasser hinter einem schmalen Inselchen mit zwei Dutzend Palmen. Die flache Insel selbst war unter der fliegenden Gischt nicht mehr zu erkennen und ständig prasselten abgebrochene Palmwedel um uns ins Wasser und auf PIXEL herunter. Unsere Anker gaben in den Böen leicht nach, hielten dann aber doch sicher.

Am folgenden Tag waren die Zeitungen voll von dem Ereignis, den Opfern und Schäden. Der Miami International Airport, der nur ein paar Kilometer von uns entfernt war, musste schließen und die dortigen Meteorologen maßen Windgeschwindigkeiten von 104 mph, was etwa 165 Kilometer pro Stunde waren. In der Marina in unserer Nachbarschaft wurden wegen der noch offeneren Lage bis zu 100 Knoten, entsprechend 185 km/h, gemessen.

Dreiviertel der Ankerlieger trugen Schäden davon und einige waren Totalverluste. Manche lagen mit gebrochenem Mast und aufgerissenem Rumpf an den Stränden der Inselchen, und andere verfingen sich in losgerissenen Booten und waren rundum verdällert. PIXEL gehörte zu den ganz wenigen die überhaupt keine Schäden erlitten, die anderen Unversehrten waren allesamt auch flach gehende Boote, die sehr vorsorglich im Lee von Barren verankert waren.

So auch Manfred aus Berlin, den wir dort kennen lernten und mit seinem britischen 31 Fuß Katamaran QUO VADIS von Deutschland über Südafrika nach Brasilien und den Amazonas hinauf bis hinter Manaus gefahren war. Nach Wartungsarbeiten in Guyana kam er über Venezuela, die Antillen und Bahamas hierher. Er war jetzt schon sieben Jahre unterwegs und dachte noch lange nicht an ein Ende seiner Entdeckungsreise, die er ausschließlich mit dem Erlös aus Gelegenheitstätigkeiten finanzierte.

Ein anderer richtiger Aussteiger war Paul, ein Fahrlehrer und ebenfalls aus Berlin, der seine Firma verkauft hatte und sich in Florida eine alte Stahlslup von etwa neun Meter zulegte. In der Hauptsaison im Sommer jobbte er in seiner ehemaligen Fahrschule und verbrachte die Winter auf seiner THREE LIONS in den Florida Keys und fuhr auch gelegentlich in die Bahamas oder nach Cuba.

Diese Lebensweise ähnelte stark unseren künftigen Vorhaben und daher waren wir sehr interessiert, wie er die Aufbewahrung seines Bootes über Sommer organisierte. Er hatte eine Reservierung auf einem Abstellgelände eines Boat Yards in Indiantown bei West Palm Beach. Ein Stück weit im Landesinneren war es dadurch preiswerter und auch hurricansicher. Wir riefen dort an, aber sie waren schon ausgebucht, aber nannten uns eine weitere Adresse zwischen Clewiston und La Belle. Das war mitten in Florida aber über Wasserwege von Indiantown aus leicht zu erreichen. Wir verabredeten uns mit Paul gemeinsam in ein paar Wochen nach Indiantown zu fahren und wollten von dort solo weiter. Paul war froh darüber, weil er alleine unterwegs immer Probleme mit den Schleusen und der Funkanmeldung zum öffnen der Brücken hatte. Wir relaxten noch Wochen in den Keys und trafen uns dann pünktlich mit Paul zur Abfahrt. Der Intracoastel Waterway war bis West Palm Beach wie immer stark befahren und der Kontrast war nach unserem Abbiegen nach Indiantown krass. Der stille St.Lucie Canal war Balsam für uns, und nachdem wir uns von Paul verabschiedeten und alleine nach Port Mayaca weiterfuhren tat es uns direkt Leid als dort die beschauliche Reise vorerst unterbrochen wurde. Wir überquerten den Lake Okeechobee, ein trüber Süßwassersee von den Ausmaßen eines Binnenmeeres und wegen der geringen Tiefe unangenehmen, kurzen Windwellen. Bei Clewiston auf der anderen Seite fuhren wir in den Caloosahatchee River ein und fanden uns in den Sümpfen des alten Indianerlandes wieder. Wenige Meilen vor unserem Ziel unterbrachen wir unsere Reise und erkundeten die Umgebung. Überall waren Alligatoren zu sehen die sich auf Steinen am Ufer sonnten und große Schlangen die ruckartig vorschnellen konnten um dann wieder ganz still und harmlos zu dösen schienen. In der Nacht war es Gabriela dann auch unheimlich, als die Gators einen Höllenlärm mit ihrem brunftigen Röhren verbreiteten. Am Morgen verzichtete ich gerne auf ein Bad im rotbraunen Wasser und zog es vor mich aus dem Eimer abzuduschen. Das Wasser war eigentlich klar, nur durch das saure Milieu undurchsichtig dunkel und nichts hätte mich dazu bringen können da hinein zu steigen.

Ein paar Meilen weiter war der Fluss wieder in einen Kanal gefasst und am Ufer tauchte ein riesiges Werbeschild der Glades Boat Storage Inc. auf. Sie warben darauf mit ihrem 40 Tonnen Travellift, einem Do-it-yourself Arbeitsbereich und den niedrigsten Abstellgebühren Floridaweit. Drei Dollars pro Fuß und Monat und geringe extra Kosten fürs herausnehmen, Stützen und abstrahlen. Alles in allem kamen für ein halbes Jahr abstellen rund $ 500 zusammen. Billiger war wirklich nichts zu bekommen und wir nahmen an. Nach sorgfältigem Sichern und verschießen von PIXEL mieteten wir uns ein Auto, fuhren oneway nach Miami und flogen nach ein paar Tagen im Hotel nach Frankfurt/Main ab.

Die Architekten die in Deutschland bauen sind wohl alle Italienfans. Anders ist die Gestaltung von Plätzen und öffentlicher Bauten im Stil der italienischen Piazza kaum zu erklären. Schön so etwas unter einer wärmenden, südlichen Sonne. Diese unterkühlte Eleganz des Flughafengebäudes aber empfanden wir bei der frostigen Luft, und der offen zur Schau getragenen Gefühlskälte der Passanten, als ziemlich abweisend. Von draußen kam ein ekliger Wind dazu, der scharf in die Haut im Gesicht schnitt, und ich fand das Werbeplakat für ein Cellular-Handy da recht unpassend, das seinen Besitzer noch cooler erscheinen lassen sollte.

Am Anfang April war der Geburtstag von Gabriela und auch der Grund schon jetzt hier zu sein, um gemeinsam mit ihren Eltern zu feiern. Ihr Vater Slavko stammte aus Slowenien und vererbte ihr manch innere wie äußere Merkmale aus dem mediterranen Süden. So empfand sie ihre nur 1.64 Meter Körperlänge bisher in nordischen Menschenmengen immer als Nachteil und in den unförmigen Steppjacken auch als unattraktiv. Auf einem Boot kehrte sich aber die geringere Größe schnell in einen handlichen Vorteil um, zumal sie über eine Art Teleskopeinrichtung in Form eines weiten Sortiments an Pumps verfügte, das sie aus den frühen 80igern herüberrettete, und es ihr ermöglichte für den Landgang binnen Sekunden auf 1.75 Meter zu expandieren. Elegante Architektur und Lebensart vertrugen sich eben nicht mit Schneetreiben und spritzige Partystimmung stellt sich nur schwer ein, wenn man sich erst aus dicken Daunenjacken schälen, die beschlagene

Brille anwärmen und mit klammen Fingern wischen muss. Die Geburtstagsparty war daher eher eine im Stil einer beschaulichen Adventsfeier mit Raclette und Bier. Wie viel anders waren dagegen unsere leider viel zu seltenen Ausgeh-Abende in Florida und Great Harbour Cay, wovon Gabriela noch pausenlos schwärmte. Wir hatten nicht mit so schrecklich vielen Menschen Kontakt gepflegt, aber interessant waren sie dafür alle. Sie verfügten außerdem über echte eigene Ansichten. Im Unterschied zum hiesigen Meinungssumpf, in dem die üblichen drei bis fünf Argumente, die so zu jedem beliebigen Thema herumwabern, mit etwas persönlicher Gewichtung verquirlt als die eigene ausgeben wird. Churchill sagte schon dazu, dass wenn zwei immer wieder dasselbe sagen und denken, mindestens einer überflüssig sei. Wahrheit entsteht eben nicht durch massenhafte Zustimmung, sie wird höchstens dadurch suggeriert und es kam mir ein netter Spruch aus meiner Jugend in den Sinn:

Fresst Scheiße; 300 Millionen Fliegen können nicht irren!

Ich suchte nach einem Job und wir bauten nebenher noch zwei Zimmer zu unserer Wohnung aus. Damit wuchs sie auf 100 Quadratmeter und bot nun auch Werkflächen zur Motorradwartung und zum Pflanzenumtopfen. Eine Schichtarbeit in einem Galvanisierungsbetrieb nahm ich nur für kurze Zeit an, bis ich eine Saisontätigkeit in einem großen Freizeitpark fand. Dort gehörte ich zum Team für den Betrieb eines Free Fall Towers, auf dem sich Fahrgäste auf 60 Meter Höhe ziehen ließen um dann ausgeklinkt, und nur von Schienen geführt, in die Tiefe zu stürzen. Unten wurden sie von Wirbelstrombremsen abgefangen und zitternd entlassen. Im Einminutentakt kamen neue Aspiranten zu ihren Urängsten und beschäftigten uns regelmäßig von 09:00 bis 19:00 Uhr.

Eine solche Saisonarbeit war für einen Pendler-Aussteiger wie mich wie geschaffen, war aber leider wie die meisten Saisontätigkeiten wenig anspruchsvoll und deshalb schlecht bezahlt. Dagegen fand ein Bekannter eine gut vergütete Nische, indem er sehr flexibel nur auf Wochenmärkten, Weihnachtsmärkte und der Saisongastronomie arbeitete.

Als ich einmal so in unseren Garten schaute, kam mir der irrige Gedanke unsere eigene Wohnung ganzjährig fremd zu vermieten und ein Häuschen, oder zwei Bauwagen, für uns im Sommer in die Gemüsebeete zu stellen. Von den erzielbaren Mieteinnahmen könnten wir dann schon fast leben. Ganz ernsthaft war der Vorschlag natürlich nicht gemeint - der behördlichen Widerstände wegen.

Mir wurde sowieso klar, dass ich, wenn die familiären Bande einmal nicht mehr vorhanden sein würden, kaum einen Grund mehr hätte nach Europa zu kommen. Shopping, Spiel und Sport, Volksfest-Geselligkeit und sonstige Freizeit-Errungenschaften interessierten mich noch nie und die Beschäftigung mit gesellschafts-relevanten Fragen habe ich aufgegeben. Ich halte mich an alle bestehenden Gesetze und Verordnungen, ganz gleich wie unsinnig sie auch sein mögen. Es macht keinen Sinn dauernd dagegen zu verstoßen. Wenn sie mir nicht passen, wechsele ich lieber das Land, statt ständig nach neuen Lücken und Freiräumen zu suchen.

Mein Leben ist mir zu kostbar um es mit Ersatzbefriedigungen in Endlosschleife zu vergeuden. Da trainieren midlifecrisis geplagte Männer Kung Fu, damit sie keine Angst mehr haben müssen, wenn sie bei Dunkelheit den Mülleimer raus bringen. Ältliche Mädchen lassen sich die Lippen wulstig spritzen, um ihrem nie vorhandenen Sexappeal zu unterstreichen und die brave Disco-Jugend lässt sich piercen und tätowieren, damit sie auch mal ein bisschen verrucht erscheinen dürfen. Wie öde, das alles.

Das wenige das mich hier überhaupt noch interessierte waren Tiersendungen im Fernsehen, manchmal Reiseberichte, und unser Garten von Mitte Juni bis Ende August. Darin befand sich ein gutes Dutzend großer Bäume, die bis zu 100 Jahre alt und das Zuhause von bestimmt 100 Singvögel in 15 Arten waren. Über vier Teichen mit Fröschen kreisten die Libellen, in einem Schuppen schliefen ein Igel in einer Ecke und Fledermäuse unter dem Dach. Die Nistkästen konnten wir eben noch vor unserem Eichhörnchen sichern, aber die Blindschleichen mussten sich schon selbst vor den Igeln in Acht nehmen.

Für zwei bis drei Monate war das prima. Wenn aber im Herbst ein paar Blätter auf die Grundstücke der Nachbarn fielen, hatten diese Saubermänner natürlich nur darauf gewartet um sich lauthals darüber aufzuregen. Selbst unsere 2000 Quadratmeter Gärten waren leider immer noch zu wenig um uns als Lebensraum zu genügen. Mindestens 100 Meter, besser 200, als Abstand zum nächsten Nachbar sollten es schon sein, um ungestört zu bleiben. Jedes Lebewesen hat sein Revier und verteidigt es gegen Artgenossen. Einem Baum reicht die Erde um seinen Wurzelballen mit allen Organismen darin, ein Specht braucht 100 Bäume und Gabriela und ich 200 Meter Strand, Meer und Wald. Als Eigentum ist das für uns aber kaum zu erwerben und müssen deshalb in Gebiete ausweichen in denen nicht alles Land, dicht an dicht, von Einheimischen besiedelt ist.
Ein solches Stück Land hofften wir an der dünn besiedelten Karibikküste Zentral-Amerikas zu finden.

Die Rückkehr.

Ich gab der Glades Boat Storage telefonisch den Auftrag PIXEL in die Workarea zu versetzen, weil ich festgestellt hatte, dass sie viele kleine Osmosebläschen in ihrem Polyestergelcoat hatte, die ich beseitigen wollte. Weiterhin mieteten wir ein Wohnmobil von Cruise America für drei Wochen, um während der Arbeiten nicht auf dem Boot wohnen zu müssen. Als wir im November dort eintrafen sah ich, dass die Rümpfe gut ausgetrocknet waren, aber mit winzigen Rissen übersät waren. Ich kaufte einen Winkelschleifer mit Sandpapierhalter, einen Exzenterschleifer und machte mich an die Arbeit. Das ganze Gelcoat war hin und darunter Hunderte von Blasen dieser üblen Polyesterkrankheit. Es blieb mir nichts übrig, als die Unterwasserrümpfe bis aufs Laminat abzuschleifen und mit Glasfasermatten und Epoxydharz wieder aufzubauen. Eine Arbeit, die ich zwar vom Windsurfboardbau her kannte, die mir aber bei der Überkopfarbeit in der Hitze doch zu schaffen machte. Ein wenig ins Grübeln über meine eigene Zukunft kam ich trotzdem, als ich erfuhr, dass eine Ein-Mann-Firma am Ort für dieselbe Arbeit 1000 Dollar pro Woche zuzüglich Material veranschlagte, und sich von Oktober bis Dezember vor Aufträgen kaum retten konnte.

Nach fünf Wochen der Frondienste war dann auch PIXEL fertig und im Unterwasserbereich besser als neu. Gabriela verpasste ihr auch oben und innen ein glänzendes Finish, dass einem schon vom Hinschauen die Augen schmerzten.

Auf Grund der abgeschiedenen Lage des Boat Yards und auch der hohen Mietkosten für Autos wegen hatte ich zwischenzeitlich für $ 20 einen Führerschein gemacht und einen Chevrolet Jimmy S 15 gekauft. Ein SUV mit 4,3 Liter Hubraum und sechs Zylinder, war er gerade richtig als Transporter während der groben Arbeiten am Boot. Der ungewohnte Luxus des ständig verfügbaren Fahrzeugs verführte aber zu ausgedehnten Bummelfahrten, was den Fortgang der Arbeiten etwas verzögerte. Wir wollten aber nicht allzu heimisch werden und beeilten uns vor den lästigen Weihnachtsfeiern vom Boatyard wegzukommen und fuhren bald den Fluss hinunter zum Golf von Mexiko bis nach Fort Myers. Wir hatten vor, in unserer verbliebenen Zeit bis Frühjahr die Golfregion zu erkunden, weil wir uns mit PIXEL im nächsten Winter von hier aus über Cuba nach Mexiko verlegen wollten.

In Ft. Myers erlebten wir eine angenehme Überraschung. Beim Tanken in der Marina begegneten wir Dan und Lindsey. Sie wohnten auf ihrer LORAX und hatten einen Dauerliegeplatz im City of Fort Myers Yacht Basin. Lindsey jobbte im Marinashop und Dan hatte seine captains license erworben und schon mehrere Überführungsfahrten übernommen, bevor er Captain der Mega-Motoryacht RED STRIPE wurde. Den Eignern gehörte auch Jamaikas bekannteste Brauerei desselben Namens. Tolle Sache, und sicherlich waren dafür Dans nautische Fähigkeiten und seine tadellosen Umgangsformen entscheidend; sein blendendes Aussehen war aber sicher auch ein Grund für die Anstellung. Vor allem in seiner Dienstuniform machte das bestimmt enormen Eindruck, wenn er so in den Hafenverwaltungen zur Erledigung der Formalitäten aufkreuzte. Überhaupt, wenn man ihn mal suchte, brauchte man nur den Blicken der Damenwelt zu folgen. Lindsey indes nahms gelassen, wenn die Beiden eine Promenade entlang gingen und Dan mit Filmstarlächeln die Parade heruntergelassener weiblicher Unterkiefer abnahm. Nur ein einziger Ort machte ihn wirklich etwas Bange: Key West, wo sich dazu auch noch etliche Männer für ihn interessierten.

Wir freuten uns sehr für die Beiden und der perfekten Wendung in ihrem Leben, denn wirkliche Aussteiger waren sie nie, und von ihren jetzigen Lebensumständen hätten sie früher nicht zu träumen gewagt. Im Gegensatz zu unseren Plänen war das Aussteigerdasein für Dan nur eine Zwischenlösung, die er zur Umsetzung seiner eigentlichen Ziele in Kauf nahm. In diesem Punkt unterschieden wir uns sehr, in vielen anderen stellten wir aber große Gemeinsamkeiten fest: Die eigene Firma, das Segeln, der Wunsch nach Leben im Süden und die Vasektomie. Auch er hatte diesen Eingriff an sich vornehmen lassen, um eine Schwangerschaft sicher vermeiden zu können. Außerdem erübrigten sich dadurch die teuren und möglicherweise doch ungesunden Verhütungsmittel für unsere Partner.

Lindsey konnte Dan auf seinen Fahrten sogar begleiten, und die Nächste würde unter seinem Kommando nach Barbados führen. Eine wirklich romantische Partnerschaft und ein aufregender Lebensstil, in dem Kinder mehr als störend wären. Bevor wir weiter zogen gab Dan Gabriela noch einige Tipps, wie sie meine Haare schneiden sollte. Ihre Versuche der letzten Jahren, in denen ich ihr diese Arbeit übertrug, führten doch zu einigen Nachlässigkeiten im Finish, die Dan gekonnt beseitigte.

Die nächste Station auf unserer Bummeltour war Fort Myers Beach, wo wir einen Ankerplatz inmitten des großen Naturhafens fanden. Von dort konnten wir mit dem Dingi auf der Landseite einen Supermarkt erreichen und hinter der schmalen Landzunge auch am Strandleben teilhaben. Über die Weihnachtsfeiertage und Silvester mischten wir uns unter die Touristenschwärme und fanden heraus, dass hier massenhaft Deutsche verkehrten. Die Meisten als Urlauber, aber auch etliche die hier und in der Umgebung dauerhaft wohnten. Dabei waren es nicht immer nur Rentner und Pensionäre sondern überraschend viele wohlhabende Erben. Die ganze Region hatte durch das ruhige Meer, den geringen Tidenhub und die vielen geschützten Buchten, einen mediterranen Touch. Das zog offensichtlich die Europäer mehr an als Floridas Ostküste. Überall fanden sich Hinweise auf deutsche Namen in Adressen und an Zufahrten und ich musste auch zugeben, dass sie

Zufahrten und ich musste auch zugeben, dass sie sich keine üble Gegend ausgesucht hatten, sofern man über das nötige Kleingeld verfügte. Nicht nur wegen unserer begrenzten Mittel sondern mehr aus Interesse zog es uns aber weiter die Natur der Golfregion zu erkunden.

Zuerst fuhren wir nach Süden, an Naples vorbei und in die Mangrovensümpfe. Dort plagten uns aber die Mosquitos zu sehr und wir fuhren zurück bis zu den Inseln Captiva und Sanibel. Dort befanden sich neben einiger Ressorts hauptsächlich die Landsitze eines internationalen und reichen Publikums. Wir konnten gut geschützt hinter Sanibel ankern und hatten nur einen kurzen Weg um die Insel zu überqueren und den Strand zu erreichen. Der war sensationell. Er bestand mehr aus Muschel- und Schneckenschalen, als aus Sand. Der Lage der Insel und einer besonderen Strömung verdankte dieser Strand diesen Vorzug. Wir verbrachten ganze Tage mit dem Suchen und Sammeln von immer schöneren Schalen. Was sonst in den Schaufenstern von Geschäften zu bewundern war, lag hier angeschwemmt am Strand. Aus Gewichtsgründen nahmen wir nur die Allerschönsten mit, aber das Auswählen fiel uns schwer und vor allem das Zurücklassen der Aussortierten.

Irgendwann stellte ich fest, dass unsere Kühlbox nicht mehr richtig kühlte und machte einen defekten Ventilator dafür verantwortlich. Auf einem Boot geht eben alles kaputt. Langsam war ich es aber leid und ich beschloss, sie gar nicht mehr zu reparieren und verschloss den Elektroanschluss mit Silikon. In den Wochen des defekten Windgenerators in den Bahamas hatten wir ohnehin gelernt ohne Kühlbox auszukommen.

Wie aber soll das gehen, bei dem Klima? Die Antwort darauf ist in der Tat der wichtigste Tipp, den ich an Segler überhaupt weitergeben kann: Essig!

Wir sprühten fast alle Lebensmittel mit einfachem Essig ein und erreichten eine Haltbarkeit, die länger war als wir sie mit reiner Kühlung erreichten. Wir kauften z.B. das übliche Toastbrot für einen Wochenbedarf und sprühten es sofort mit Essig aus einer PE-Laborflasche mit nadelfeinem Strahl oder Pumpspray-Flasche (ohne Kupfer/Messing-bestandteile wg. Reaktion mit Essig) zwischen Inhalt und Beutel ein. Sofort verschlossen wir ihn dann wieder. Und nun das allerbeste: Nach wenigen Stunden war absolut nichts mehr vom Essig zu schmecken und wenn wir nach jeder Entnahme wieder etwas einnebelten, hielt auch diese Packung lässig eine Woche. Die anderen Brotbeutel im Vorrat noch länger, wenn wir sie alle paar Tage neu behandelten. Funktioniert übrigens ebenso mit Käse, Wurstwaren und sogar Marmelade. Für frisch gefangenen Fisch entwickelten wir eine Variante. Wir verwendeten zum marinieren fertige Italien-Style Salatsoßen mit Kräutern.

Überall wo es frisches Gemüse und Obst gab wurden auch immer Eiswürfel im Beutel angeboten, die wir bei dieser Gelegenheit mitnahmen. In unserer umgebauten Kühlbox bewahrten wir dann nur noch Gemüse und Bier auf, das nach drei Tagen und längst getautem Eis zwischenzeitlich bereits verzehrt war.

Ein typischer 10 Meter-Kreuzer in Vollausstattung beinhaltet gewöhnlich bequeme Kojen, Druckwassersystem für Spüle und Dusche, Propangas-Kocher und -Backofen, Sitzgruppe, Marine-WC, Generator, Gefrierbox, bei Amis zudem Aircondition, und ermöglicht ein autarkes Leben über Wochen solange alles funktioniert. In brauchbarem Zustand kostet so ein Boot ab 50000 Dollar, wenn nicht eine Langfahrt-Ausrüstung den Preis noch deutlich nach oben treibt. Ein Boot wie ich es empfehlen möchte ist maximal 9 Meter lang, weil es den zusätzlichen Meter für die

Luxusausstattung gar nicht braucht, hat aber ebenso bequeme Kojen, einen Spirituskocher, Trinkwasser in Kanistern, Sitzgruppe, portable Toilette und Eisbox und kostet ab 20000 Dollar. Für das gesparte Geld kann man mindestens fünf Jahre ohne Unterbrechung in einer Full Service Marina festmachen und dort Komfort auf Hotelniveau genießen.

Soweit muss es aber nicht kommen. Denn wenn man in der Küstenfahrt in der Nähe von den unverzichtbaren Versorgungseinrichtungen bleibt, was in eigentlich allen Fällen ohnehin der Fall ist, wird echtes Yachting für Jedermann erschwinglich. Und wohlgemerkt, ohne wirkliche Komforteinbussen. Der Mensch mit seinen Abmessungen ist letztlich das Richtmass für das Nötige und ein Bett das mehr als 1,5 Meter breit ist braucht doch niemand ernsthaft - selbst bei Pärchennutzung.

Die wirklich allerwichtigste Nebensache habe ich aber bisher ausgelassen: Die Motorisierung. Nach meinen Beobachtungen funktioniert ein Einbaudiesel mit Wellenausgang unter der Wasserlinie nur im Neuzustand für wenige Jahre klaglos. Danach ist er selbst, und besonders auch wegen seiner sonstigen Rumpfdurchlässe, nur noch ein Ärgernis und stellt bei älteren Booten deren Nutzung insgesamt in Frage. Denn ein Austausch übersteigt leicht den Bootswert. Für uns kommt daher nur ein Benzin/Ethanol- oder Elektro-Außenborder in Betracht und grenz damit die Auswahl auf Mehrrumpfboote statt der traditionellen Auslegeryachten ein. Eine Kielyacht mit diesem typischen, untergebolzten Ballastausleger wird selbst bei kleineren Einheiten so schwer, dass ein Außenborder da nicht mehr ausreicht.

Mit PIXEL waren wir nunmehr auf eben dieser Ausstattungsebene angekommen und hatten das sichere Gefühl, dass jetzt gar nichts mehr defekt werden konnte. Doch weit gefehlt.

Zwischenzeitlich wurde es zuerst Frühjahr, flogen nach Deutschland, arbeitete im Freizeitpark und verbrachten einen angenehmen Sommer im Garten. Dann wurde es Herbst und wir flogen wieder nach Florida mit unseren Plänen für Cuba und Mexiko im Gepäck. Bei Glades Boat Storage angekommen traf uns fast der Schlag: Das Gelcoat an Deck war rissig, alle Holzteile wie Scheuerleiste, Handläufe und auch Teile der Ruderanlage stark verwittert. Das Laminat am Cockpitboden durch stehendes Regenwasser in Blasen aufgequollen, der Steuerkompass war trüb, alle Fenster undicht und Regenwasser auf die Bücher getropft.

Wir begannen sofort mit den umfangreichen Instandsetzungsarbeiten und richteten uns dafür auf 2 bis 3 Wochen ein. Das einzig Nette, das uns immer wieder aufheiterte, waren die kleinen Baumfrösche, die sich in rauen Mengen auf PIXEL niedergelassen hatten. Bei Tage lebten sie zurückgezogen in allen Ritzen und Ecken und wurden von unseren Tätigkeiten leider ständig gestört und krabbelten manchmal übermüdet heraus. Wenn wir dann aber abends im Boot saßen, das Licht nach draußen schien und die Mücken anlockte, gab es kein Halten mehr. Mit deutlichem Plop landeten dauernd welche auf Deck oder den Fenstern wenn sie hinter den Fliegen her sprangen. Es mussten Dutzende gewesen sein, und wir hatten alle Mühe nicht auf welche zu treten, wenn wir nachts einmal hinaus wollten.

Dann kamen unangenehme Nachrichten von unseren Eltern. Gabrielas Vater wurden schlimme Durchblutungsstörungen an den Beinen diagnostiziert und meine Eltern trennten sich nach 49 Ehejahren. Mein Vater zog in sein, bis dahin schon lange leer stehendes, Elternhaus. Dann verursachte ich auch noch einen Autounfall. Aus Unachtsamkeit versperrte ich einem Truck seine Vorfahrt, worauf er so schnell nicht reagieren konnte. Sein Rammbügel drückte unsere Tür kräftig ein und unser alter, blauer

Jimmy sah ziemlich ramponiert aus. Wir wollten ihn doch verkaufen und hatten einen guten Erlös bereits fest einkalkuliert. Daraus wurde jetzt wohl nichts mehr. Endzeitstimmung.

Am nächsten Tag kam ein junger Mann zu unseren Nachbarn in der Workarea und fragte ob er deren Boot besichtigen dürfe. Er interessiere sich für eines des gleichen Typs auf dem Boadyard, das aber im Moment abgeschlossen war und er es nicht besichtigen könne. Sie zeigten ihm das ihre, aber er schien nicht so recht überzeugt, bedankte und verabschiedete sich. Er wollte schon weitergehen als er bemerkte, dass wir aus Deutschland stammten und gab sich seinerseits als Deutscher zu erkennen. Jürgen hatte zuhause in Hamburg früher ebenfalls einen Katamaran und suchte hier eigentlich auch wieder einen. Aber sie wären hier recht selten, auf jeden Fall sei die Nachfrage, vor allem bei den kleineren Einheiten, größer als das Angebot und er fragte uns direkt, ob wir PIXEL nicht verkaufen wollten. Diese Frage hatten wir zwar tatsächlich öffentlich auf dem Boat-yard erörtert, er konnte davon aber doch nichts wissen? Verblüfft bestätigten wir und er inspizierte PIXEL rundum und war's zufrieden. Jürgen hatte eben seine Facharztausbildung beendet und wollte erst einmal ein Jahr auf Tour gehen, wusste aber noch nicht recht was er dann machen wollte. Zuerst suchte er ein Boot um damit zu einem Ärztekongress in Cuba zu fahren und dann irgendwohin. Wie ich das so hörte musste ich innerlich breit grinsen und konnte nicht anders als ihm einen guten Preis für PIXEL zu nennen. Bei ihm würde sie in guten Händen sein.

Er schlug sofort ein und ich versprach die kleinen Mängel noch zu beheben. Er flog noch einmal nach Hause und als er nach zwei Wochen wieder kam machten wir alles perfekt. Wir nahmen unsere wenigen persönlichen Sachen heraus und verkauften auch unseren verbeulten Jimmy an die Sekretärin des Boat-yards. Nach Umbuchen unserer Tickets hatten wir noch 10 Tage Zeit bis zu unserem Rückflug und verbrachten sie in einem Motel in Ft. Lauderdale. Insgesamt genau 30 Monate hatten wir auf PIXEL gelebt und die bis dahin wichtigsten Erfahrungen in unseren Leben gemacht. Mit dem Verkauf von PIXEL hatten wir natürlich nicht unsere Pläne aufgegeben - ganz im Gegenteil - denn jetzt erst hatten wir wieder den Spielraum zu allen Entscheidungen. Pixel war uns seinerzeit sofort ans Herz gewachsen. Ihre Vorzüge begeisterten, nutzen konnten wir sie dagegen selten. Sie war nicht zur Rennyacht bestimmt, aber als Hausboot war sie auch überfordert. Ihre schiere Breite verhinderte einen Transport an Land, wodurch das Abstellen immer in Nähe eines Krans und damit auf teuerer Mietfläche erfolgen musste. Alles in allem hatte ich mich wohl schon zu sehr in das Boot versenkt und zu viel Arbeit hineingesteckt um wirklich unbeeinflusst über unseren weiteren Weg nachdenken zu können. Daher war gut, dass sich der Eigentümerwechsel so unvorhergesehen und zügig vollzog. Sonst hätte wir es uns vielleicht doch noch anders überlegt. PIXEL war uns immer ein treuer Begleiter und besser sich jetzt von ihr zu trennen um alle Erlebnisse auch weiter in guter Erinnerung zu behalten.

Unser nächstes Boot war insgeheim schon lange projektiert und wird auch das Resultat all unserer Erfahrungen beinhalten. Ein Zufall war, dass Jürgen ein Boot desselben britischen Konstrukteurs, James Wharram, besessen hatte, den ich für unser Nächstes auserkoren hatte:
Ein Katamaran Typ TIKI von 30 Fuß Länge mit zwei separaten Rümpfen, die durch ein Brückendeck und 3 Querbeams mittels Spanngurten verbunden werden. Dadurch ist das Boot leicht zu demontieren und auf der Strasse oder in einem Container zu transpor-

tieren, und auch das Abstellen an Land wird sehr vereinfacht. Es wird im Kernmaterial aus Bootsbausperrholz sein, mit einem Überzug aus einigen Schichten Glasfasermatten mit Epoxydharz.

Das Grossegel wird ohne Baum gefahren und als Motor kommt natürlich ein kleiner Außenborder zum Einsatz. Das ebene Brückendeck lässt sich vor Anker in wenigen Minuten mit einem stabilen Zelt überdachen und schafft darunter einen wettergeschützten Wohnbereich in den Ausmaßen eines Hausbootes.

Dieser entscheidende Vorteil war es auch der Gabriela meinem Vorschlag zustimmen ließ den Wunsch nach einem Haus in Zentral Amerika erst einmal aufzugeben um dort nur noch auf dem Boot zu wohnen.

Zunächst aber werden wir unsere Zielregion als Rucksacktourist genauer erkunden und das Boot entweder als ein Gebrauchtes kaufen, es selber bauen, oder irgendwo neu bauen lassen.

Bereits jetzt ist abzusehen, dass wir nach und nach unser Eigentum in Deutschland veräußern werden, um es in unsere Lebensfreude zu investieren und dazu vielleicht ein Stück Regenwald erwerben. Gabriela hält das jedenfalls für eine prima Idee.

PS Im April 2000 erreichte uns eine Postkarte aus Cuba: Jürgen und PIXEL geht es blendend.

Gabriela und ich waren bereits wieder seit März in der Pfalz und feierten neben ihrem Geburtstag noch ein anderes Jubiläum: 20 Monate auf FINCHEN. Mit der Zeit auf PIXEL und langen Aufenthalten an Land genossen wir insgesamt etwa 5 Jahre in den Tropen und damit bereits länger als Alexander von Humboldt. Kann man zwar nicht vergleichen, aber wir erleben nun ebenso seine Veränderung der Sichtweise und eine kritische Distanz zu allem. Vieles was hier z.B. streng verboten ist, ist woanders völlig in Ordnung, und umgekehrt - allgemeingültig ist wenig. Bei unseren halbjährlichen Ortswechseln ertappten wir uns daher öfter bei kleineren Verstößen, was uns aber inzwischen eher amüsiert als moralisch zerknirscht.

Sicher ist es Aufgabe der öffentlichen Ordnung das als gemeinnützig Erkannte zu verteidigen und zu bewahren, aber nicht auf immer zu konservieren. Denn die jeweilige Gesetzgebung entstand ja erst aus einer Abfolge von Machtproben zwischen Unterdrückung und Aufbegehren. Die Aufklärung hat dann erstmals, nach Abschaffung der Adelsprivilegien und mit Gewichtung der Gesellschaften stärker auf Vernunft statt religiöser Dogmen, einen Weg zur Selbstbestimmung eingeschlagen, droht aber an seiner eigenen Bürokratie zu scheitern. Ein zäher Kampf, von dem ich meine, dass er bereits verloren ist - auch ohne Machtmissbrauch durch Oligarchen und Lobbyisten. Ich halte die keltische Idee der kleinräumigen und nachhaltigen Gemeinschaften gegenüber der uferlosen Massengesellschaft nicht nur deswegen für überlegen. Ist denn die erste Metropole Uruk am Euphrat nicht auch schon an den Folgen ihres Wachstums zerbrochen? Und was ist mit der Osterinsel?

Beispielsweise ist in der Tradition der Mexikaner jede Religion Privatsache, begrenzt auf das Innere und wird nach außen höchstens indirekt über ihre Gläubigen sichtbar. Das öffentliche Auftreten als Institution/Kirche ist nicht nur von Gesetz wegen seit 1917 untersagt, sondern widerspricht auch der allgemeinen Auffassung über die Grenzen religiösen Einflusses auf das öffentliche Leben. Ein Mensch hat in Mexiko nämlich, ebenso wie jedes andere Tier, ein angeborenes Recht auf seine natürliche Umgebung und nicht erst aus einer höheren Gunst heraus. Selbst wenn ein universeller Schöpfer die Erde und alles was darauf lebt wirklich erschaffen haben sollte, änderte dies an diesem Recht nichts. Der private Umgang wird allerdings sehr vom religiösen Regelwerk bestimmt, denn diese älteste Verschwörungstheorie hat hier doch viele Anhänger.

In Deutschland dagegen ist seit dem 1700 Jahre aufgezwungenen christlichen Religionsmonopol nunmehr in der verinnerlichten Wertvorstellung aller, bis hin zur Gesetzgebung eingestanzt, dass alles von einer gütigen Hand gegeben ist. Den Schafen eine Weide auf einer eigens zu diesem Zweck erschaffenen Erde. Und dem Menschen sei angeraten unterwürfigste Dankbarkeit für seine Existenz und seine Duldung neben den anderen Schafen zu empfinden; oder die Katholen weisen ihm ein ähnliches Schicksal wie Giordano Bruno zu, der damit im Ranking ums höchste Martyrium Jesus aus Nazareth klar abgeschlagen weit hinter sich lassen konnte.

Wo ist nun der sichtbare Unterschied zu Mexiko? Der kommt sofort:

In meiner Naivität stellte ich einen alten Schrank in die Sackgasse vors Haus. Um den schmalen Gehweg nicht zu blockieren direkt auf die Fahrbahn an die Stelle an der üblicherweise unser Auto parkte. Für wenige Tage nur, so dachte ich, bis ich ihn mittels Anhänger zur Deponie bringen wollte. Am nächsten Tag schon wurde ich von der Ordnungsbehörde belehrt, dass öffentliches Gelände nur zu ganz gesonderten Zwecken zu nutzen wäre. Was nicht explizit erlaubt wäre, ist untersagt. Wenn nach dieser Aussage, und damit im exakten Gegensatz zu Mexiko, der gesamte öffentliche Raum für mich nur in Ausnahmefällen zu nutzen sei und selbst ein Privateigentum nicht ohne massive Reglementierung ist, erkenne ich hier keinen Unterschied zur Zoohaltung.

Wer Himmel und Erde erschaffen hat, dem gehöre sie auch - und die Nachfahren derer, die aus nichtigem Anlass aus dem Paradies vertrieben wurden, können noch froh sein, dass man Mitleid mit ihnen habe – in der DDR hätte man sie Umsiedler genannt – und ist die masochistische Steigerung der religiösen Duldungsstarre.

Die Beurteilung von Umständen, Orten und Ereignissen sind auch immer das Resultat verinnerlichter Werte und Ansichten. Das bewusste Denken wird direkt vom abgespeicherten Wissensschatz gesteuert und ein Gefühl ist letztlich das Ergebnis eines unbewussten Denkvorgangs. Die jeweils anderen Zugrunde liegenden Weltanschauungen führen natürlich zu unterschiedlichen Verhaltensnormen und Werturteilen. Gibt es dann überhaupt ein allgemein gültiges gemeinschaftliches Prinzip? Und ist eine Supergesellschaft, die mehrere gewachsene Gemeinschaften unter einen Hut bekommen möchte, nicht von vorneherein zum Scheitern verurteilt?

Gabriela uns ich erhalten uns unsere Entscheidungsspielräume jedenfalls indem wir freiwillig moderne Nomaden sind und uns nirgends in Abhängigkeiten begeben - mit echten Perspektiven und ohne ein Gefangener des eigenen Spiegelbildes zu sein. Allerdings versuchen wir uns - hier wie dort - zur Konfliktvermeidung wenigstens nach außen hin anzupassen und sind so was ähnliches wie temporär Spaltungsirre.

Unser neues Boot FINCHEN ist seit langer Zeit wieder einmal in Mexiko und liegt über Sommer festgemacht an einem Steg. Und wenn wir von hier aus daran denken bestätigen wir uns gegenseitig einer warmen Zufriedenheit und Zuversicht.
Doch der Reihe nach.

FINCHEN.

Mit dem Verkauf von PIXEL verloren wir neben unserer Heimstätte auch das Pfand auf ein Leben in einer besseren Welt. Daher suchten wir sofort nach einem Ersatz und bereisten als Rucksacktourist die Neue Welt. Nirgends war dort aber weder eine Wharram TIKI 30 noch ein gleichwertiges Modell zu finden.

Zwischenzeitlich verstarb zuerst mein Schwiegervater, dann mein älterer Bruder noch vor meinem Vater und verschoben damit unsere Pläne in unbestimmte Ferne. Der familieninternen Kenntnis unseres flexiblen Zeitmanagements verdankten wir umfangreiche Arbeitsleistungen unsererseits in der Abwicklung der Formalitäten und Wohnungsauflösungen. Pluspunkte beim Familien-Mobbing ergaben sich aber daraus nicht. Wir waren den Herausforderungen der fiesen Gemeinschaften nicht mehr gewachsen. Wir hatten übersehen, dass Grundprinzipen der Aufklärung wie Vernunft und Toleranz neuerdings von Eigennutz und Bevormundung abgelöst wurden. So weit entfernt und doch einmal mehr bestätigten sich sogar in unserem privatem Umfeld die neuerlichen Vorbehalte der Lateinamerikaner, die Europäer und deren nordamerikanische Derivate seien hinterhältig und verschlagen. Lange vorbei auch, dass Europäer in Central Amerika willkommen waren. Oft genug mussten sie unsere Erfahrungen teilen. Im Zeitalter nachlassender westlicher Produktdominanz bleibt diesen eben nur noch das gegenseitige Haareschneiden oder die listenreiche Ausbeutung ehemaliger Satellitenstaaten zur Steigerung ihrer BIPe. Wahrlich keine rosigen Aussichten, aber auch keine Entschuldigung für den Verlust der Aufrichtigkeit. Aber bekanntlich kommt ja zuerst das Fressen, dann die Moral.

Dem Internet sei Dank, entdeckten wir mehrere TIKI 26. Das sind Katamarane mit zwei sehr schmalen Rümpfen, aber denselben prinzipiellen Vorteilen der größeren TIKI 30. Mit einigen Umbauten sollte es für unsere Belange in warmen Gefilden genügen. Eine TIKI 26 mit Namen WAKA ITI (polynesisch für: Kleines Boot) von Dirk aus Hamburg war sogar mit einem Roadtrailer zu haben und zudem recht preiswert. Dirks Gattin erwartete ihr drittes Kind, damit war der Allgemeinzustand des Bootes auch schnell erklärt. Für uns gerade Recht, hatten wir doch ohnehin einige strukturelle Änderungen geplant. Wir wurden schnell handelseinig und verbrachten sie in die alte Scheune meines Elternhauses. Nach anderthalb Jahren waren die Umbau- und Renovierungsarbeiten abgeschlossen und berechtigten ihres Umfangs wegen zu einer neuen Taufe. Wir zogen einmal ein verwaistes Spatzenkind auf und in Erinnerung tauften wir sie auf ihren Namen „FINCHEN".

Im Internet gibt es zwar nichts zu Entdecken, denn alles was sich da so anhäuft ist bereits entdeckt. Ganz bequem aber, wenn das Gesamtwissen der Menschheit über der Schulter baumelt. Ein Handy ist zwar ebenso wenig ein Telefon, wie ein Autoschlüssel kein Automobil ist, als Tratsch-Synapse zur Zivilisation dennoch nützlich um sich im weltweiten Infonetz einzuweben.

Nur, welchen Anteil haben z.B. Pflanzen und Tiere in der virtuellen Welt über ihre pure Beschreibung aus distanzierter Perspektive hinaus? Statt Interaktion, ein aufsaugender Strudel von überheblicher Humanzentrik.

Gefangen in der abgeschlossenen Welt des kollektiven Bewusstseins einer einzigen Spezies bei gleichzeitig abnehmender Kulturvielfalt im Versuch der Beschreibung der Wirklichkeit mittels Hörensagen. Kein direkter Zugang der Realität mehr über das Filter der Deutung und Prüfung auf Verträglichkeit mit dem bestehenden Weltmodell hinaus. Eher Vertraut man dem Vorurteil der Masse als der eigenen Beobachtung. Die Überlegenheit der Schwarmintelligenz zeigt sich denn auch prima auf Autobahnen während der Ferienzeiten – wie schlau ist dagegen das Kollektiv meiner Leberzellen. Erkenntnis findet anderswo statt.

Einer Hundeleine gleich reicht der Bewegungsspielraum bis zum Kontaktverlust des Endgerätes. Keiner entfernt sich noch vom nächsten WiFi und der Rezensionen der Vorausgegangenen. Die Pfade der Rucksacktouristen wurden früher vom Zellulose-ROM der Travel Guide Verlage ausgetreten, heute sind es die Ameisenstrassen der digital-pheromone gelenkten Backpackers. Wo soll denn da der Unterschied zum Pauschaltourist sein?

Der notwendige Abstand zwischen Ankerliegern ermöglicht z.B. an Bord eines Bootes eine sorgfältige Körperpflege in ebenso privatem wie raumgreifend luxuriösem Ambiente. Kaum ein Ressort im stinkteuren Belize kann das bieten und im Gewusel der Touristenströme schon gar nicht. Von Naturerlebnissen ganz zu schweigen. Wir haben ein italienisches Pärchen kennen gelernt, das zwei Monate durch Central Amerika gereist war, ohne - von gepflegten Mayastätten abgesehen - je Regenwald zusehen. Wie sollten sie denn auch? Sie bewegten sich doch ausschließlich mittels Busverbindungen zwischen den Städten. Rechts und links der wenigen Straßen befinden sich zudem nur Rinderweiden und Regenwald ist allenfalls am Horizont zu erahnen. Nur das Boot kann diesen Zugang verschaffen und ist daher der Grund all unserer Anstrengungen.

Die Anstrengung.

FINCHEN besteht aus zwei separaten Rümpfen mit drei verbindenden Trägern. Dazwischen ist eine Cockpitwanne eingehängt und ein Mast auf den Mittelträger gestellt. Alles miteinander verzurrt darf man es zu Recht ein Segelboot nennen. Im linken Rumpf zwei Kojen Kopf an Kopf, im rechten eine portable Toilette. Bei geschlossenem Klodeckel, und anders herum darauf sitzend, kann man kochen. Meist stelle ich aber unseren 2-flammigen Spirituskocher unter das aufgestellte Deckzelt ins Cockpit. Hochgestellte Luken auf den Vordecks erzeugen einen angenehmen Luftstrom durch die ganzen Rümpfe, wobei sich das Bordleben auch bei nächtlichen Aktivitäten meist an Deck abspielt.

Demontiert, mit einem Rumpf auf dem Kopf stehend, ist FINCHEN nicht nur auf einem Trailer straßentauglich, sondern mit 2,35 m breite auch von einem Container zu schlucken. Über eine Rampe auf dem Großmarkt im Gemüsedorf meiner Kindheit schoben wir FINCHEN auf den Laster. Damit nach Mannheim, Hauptbahnhof. Von da nach Hamburg zum Frachter Andre Rickmers mit Ziel Kingston, Jamaika. Dort umgeladen auf die Palencia um endlich anzukommen im Port of Belize, Belize City.

Das Ärgernis.

Um so eine Idee in die Tat umzusetzen ist schon Planung angeraten. Aber was nutzt die Beste, wenn verbindliche Auskünfte schlicht falsch sind? Fünf lange Telefongespräche mit Belize Customs, Belize Port-authority und der Custom Broker Association brachten nach unbeantworteten e-mail Anfragen folgendes hervor:

Wir können FINCHEN im Container anlanden, im Hafengebiet auf einer ebenen Betonfläche montieren und zu Wasser lassen. Bei einer Fee von 1,5% ihres Wertes erhalten wir eine temporäre Einfuhrgenehmigung über 1 Jahr.

Gabriela und ich reisten im November 2008 von Frankfurt am Main, direkt nach Cancun, Mexiko. Mit einem der empfehlenswerten ADO-Busse nach Chetumal, der Hauptstadt des Bundesstaates Quintana Roo und südlichstem Punkt der mexikanischen Karibikküste. Weiter von da mit dem sog. Chickenbus nach Belize City, einem stinkenden Moloch. Im schlammigen Hafen waren querilla-taktiken nötig um zu unserem Container durchzudringen. Alighieri Dante muss wohl hier gewesen sein, denn über dem lindgrünen Customsgebäude meinte ich zu entziffern: Wenn Du gehst durch diese Pforte, lasse fahren jede Hoffnung!

Es wird niemals einen unfreundlichen Trickbetrüger geben. Ein feines Gespür für missliche Lagen und Situationen, in die man uns aus der Ferne manövrierte, muss das Ausleseprinzip dieser nett lächelnden Offiziellen gewesen sein. Waren wir in die Falle getappt? Es sah nicht nur danach aus. Ganz blöd waren Gabriela und ich aber wohl nicht, denn es war uns schließlich doch gelungen FINCHEN auf einem Müllplatz innerhalb des Freizollgeländes mit ein wenig total überteuerter Gabelstabler-Hilfe zusammenzubauen und ins verdreckte Hafenwasser zu setzen. Nur 24 Stunden Zeit blieb uns dann noch das Land zu verlassen, weil wir die 10000 US-Dollar Zoll nicht zu zahlen bereit waren, die man uns abpressen wollte.

Unseren Trailer mussten wir aber als Köder regulär einführen und konnten ihn später sogar verkaufen. Jetzt flüchteten wir geradezu vor weiteren Behördenschikanen ins nördlich gelegene Mexiko. Nach zwei Tagen waren wir über der Grenze und einen weiteren später in Chetumal. Große Erleichterung.

Die Entspannung hatten wir uns verdient. Wir blieben erst einmal ein paar Wochen im ausnehmend angenehmen Chetumal mit seinem gepflegten Park an der offenen Bay, um dann für einige Wochen mehr nach Xcalak an der Landzunge zur Karibik umzuziehen. Ziemlich verschlafen bis komatös, mit Minimalversorgung nur, aber prima Schnorchelrevieren. Irgendwann zog es uns dann doch weiter und steckten erneut Kurs nach Belize ab. Die dortige behördliche Willkür war eigentlich jedem bekannt und die Tipps im Umgang mit den fast ausschließlich sehr dunkelhäutigen Offiziellen zahlreich. Ihre Jobs wurden offensichtlich vererbt und besetzten die Schlüsselpositionen dieses - nach außen hin - demokratischen Rechtsstaates.

Die hervorzuhebenden Supermärkte wurden üblicherweise von ehemaligen Hongkong-Chinesen geführt, kamen sie doch zahlreich ins Land bevor Hongkong von den Briten zurück übereignet wurde. Davor war es gegen Zahlungen um 50000 US-Dollar möglich eine belizianische Staatsbürgerschaft nebst Reisepass zu erwerben. Im Nachhinein für die meisten Chinesen hier das schlechteste Geschäft ihres Lebens und nach Finanzkrise und abebben des Tourismus sogar Existenz bedrohend.

Die plattdeutsch sprechenden Mennoniten stellten eine weitere wichtige Gruppe in der bunten Gesellschaft dar und besetzten erfolgreich die Erwerbsbereiche Landwirtschaft und Holzbearbeitung.

Die urwüchsige Festlandsküste mit vorgelagerter Inselwelt hinter einem Barriereriff und davor liegenden Hochseeatollen sind der wahr gewordene Traum eines jeden Seglers. Auch wir waren geneigt nahezu alles hinzunehmen um an dieser Naturoffenbarung teilhaben zu dürfen. Der touristisch erschlossene Ort San Petro auf Ambergris Cay wurde von Madonna in ihrem Titel „Isla Bonita" besungen, Francis Ford Coppola besitzt zwei Ressorts in Belize, eines bei Placencia wo auch Mel Gibson zuweilen weilt, und

Leonardo DiCaprio sogar eine Privatinsel. Die wissen schon, wo es schön ist.

Bis in den Norden von Belize hinein besteht die topfebene Halbinsel Yukatan aus Kalkstein bei subtropischem Klima. Weiter nach Süden wird es zunehmend bergiger, die Niederschlagsmengen nehmen dramatisch zu und der Boden wird durch Eruptivgesteine immer fruchtbarer. Geradezu ideale Voraussetzungen für eine Explosion der Vegetation – allerdings unter bedecktem Himmel. Von Cancun im äußersten Norden Yukatans steigen die jährlichen Niederschläge von etwa 1 Meter auf bis zu 6 Meter im südlich gelegenen Guatemala und Honduras. Zum Vergleich sind es in Frankfurt am Main nur rund 65 Zentimeter pro Jahr. So sind touristische Einrichtungen eher auf den Norden begrenzt, von einzelnen Ausflügen in den tropischen Regenwald abgesehen. Wir waren jedenfalls froh, als wir auf unserer Reise gen Süden endlich die Kreuzfahrttouris auf ihren Wohnblock-Yachten hinter uns lassen konnten. Ich bin nicht grundsätzlich gegen Kreuzfahrtschiffe, aber in diese kleinräumigen Ökostrukturen passen die sie einfach nicht hin. Es ist die Welt der Palmwedelhütten und nicht der Bierfestzelte.

Unterwegs versagte die Zündung unseres Suzuki DT5 Außenborders. Ohne Motor blieben uns die idyllischsten Ankerplätze leider versagt und enge Passagen mussten mit Bedacht durchsegelt werden. So bewegten wir uns auf direkterem Kurs nach Livingston, Guatemala, in der Gewissheit auf künftig häufigere Reisen in die belizianische Inselwelt.

Die Ansteuerungstonne zu Livingston markiert die Stelle der größten Wassertiefe von 6 Fuß zur Überquerung der Bank vor dem Mündungstrichter des Rio Dulce. Ein Trichter nicht nur in der Horizontalen, sondern in derselben Form auch ein steil flankierender Einschnitt in die strotzend grün überwucherten Hänge beidseits des behäbigen Flusses. Das Städtchen Livingston liegt am Nordufer der Mündung und ist wegen des sumpfigen Hinterlandes außer auf dem Wasserweg nur über die Luft zu erreichen. Von hier aus aufs Meer blickend ist am Horizont gerade eben Puerto Barrios auf der anderen Seite der weiten und flachen Bahia de Amatique zu erahnen. Wir ankerten vor dem Fuel Dock und nach den Einklarierungsformatitäten mittels des ausgesprochen freundlichen Agenten Senior Raul bemühten wir uns mit seiner Hilfe um einen Schlepp den Fluss hoch zum sog. Golfete. Pünktlich am nächsten Morgen nahm Hector unsere Leine an den Haken seines Fischkutters und zog uns mit vernehmlichem Dieselbrummen durch die Wolke kreisender Seevögel zum Schlund der grünen Hölle. Der nur wenig mehr als hundert Meter breite aber recht tiefe Strom windet sich durch eine Schlucht mit anfangs so steilen Hängen, dass die herausragenden Baumkronen über die Wasserfläche reichten, was man an dem Herunterklatschen der Verdauungsrückstände der darauf ruhenden Pelikane und Reiher sah. Das Geräusch unseres Dieselschleppers brach sich hohl und wurde bis auf einen schwachen Widerhall von der überhängenden Tropenvegetation aufgesogen. Der Temperatureindruck sank von feuchtheiß auf nasswarm und ein süßmodriger Geruch füllte die ganze Nasenhöhle aus. Kleinste Wasserfälle rieselten herunter und das Flusswasser war zu unserer Überraschung völlig klar, was wir von einem tropischen Gewässer so nicht erwarteten. Später kochten wir auch unseren Tee damit – das soll man mal am Orinoko versuchen. Nach vielen Windungen weitete sich der Canyon dann unversehens zu einem großen See: der Golfete; und ist ohne Zweifel der schönste Ort auf der Welt!

Ich erinnere mich genau an unsere erste Ankunft und Gabriela und ich hatten in den folgenden Wochen viele Gelegenheiten unsere Eindrücke zu vertiefen. Ich will versuchen es in dürren Worten zu beschreiben: Ein großer See, gut 10 km lang und 5 km breit, inmitten einer ausgedehnt flachen Landschaft, die von verstreuten, kegelförmigen Hügeln unterbrochen wird. Der sichtbare Horizont ist rundum durch mittelhohe, üppig bewachsene Nebelberge begrenzt. Einzelne Schilfinseln mit Baumgruppen sind dem eigentlichen Ufer vorgelagert und von ganzen Vogelkolonien umschwärmt. Die Uferlinie ist stark mit idyllisch kleinen bis zu weit offenen Buchten untergliedert. Der See ist meist nur wenige Meter tief und die Uferregionen reichen weit in ein sumpfiges Hinterland mit ungezählten kleinen Bächen hinein. Dichtester Regenwald geht bei immer tragfähigerem Boden in eine Barriere aus Brettwurzel gestützten Urwaldriesen über. Dann die herrliche Tierwelt mit drei verschiedenen Papageienarten, wovon uns eine gesellige Art allmorgendlich laut krächzend weckte. Morphofalter und andere Schmetterlinge, gigantische Käfer, Fledermäuse, Kolibris, Blatthühnchen, Tukane, bunte Krabben und grüngoldene Fische. Umarmungswürdig.

Gleich am Eingang zum See befanden sich in einer weit verzweigten Bucht die Anlagen der Texan Bay Marina mit ihren texanischen Eigentümern Sherry und Mike. Die nächsten Buchten waren in einem kaum sichtbaren, aufgelockerten Hüttendorf von ketchi sprechenden Mayas bewohnt. Noch einige weiter dann die Gringo-Bay mit dem wunderschönen, auf Pfählen ins Wasser hinein gebauten Haus von Jennifer. Davor gingen wir vor Anker nachdem wir unsere Schlepphilfe Hector verabschiedeten. Jennifer, aus Minnesota stammend, lebte schon seit 20 Jahren hier, war aber nicht der Grund für die Namensgebung Gringo-Bay. Diese war nun schon ein gutes Menschenalter her, als hier Aufnahmen für die ersten Tarzanfilme mit Johnny Weissmüller gedreht wurden. Wir wollten aber nicht mit Riesen-schlangen ringen, sondern eine der etwa 15 Moorings vor Jennifers Haus nehmen, die sie, nebst Pflege- und Bewachungsdiensten, zum Abstellen von Booten vermietete.

Es war bereits Anfang März und unser Rückflug von Cancun nach Frankfurt war schon in wenigen Wochen. So erkundeten wir von hier aus den See und organisierten die Reise nach Cancun. Am anderen Ende des Golfete verengte sich der Rio Dulce wieder um nach weiteren 10 km an seine schmalste Stelle an den gegenüber liegenden Städtchen El Relleno und Fronteras zu führen. Noch ein paar Kilometer weiter den Fluss hinauf erreichte man endlich den größten See Guatemalas, den Lago de Izabal. Mit 590 Quadratkilometer etwa 10% mehr als der Bodensee, aber nicht so tief. Er bedient ein riesiges Entwässerungsgebiet und ist selbst nur Teil einer noch ausgedehnteren Sumpflandschaft im Westen. Diese Sümpfe rundum sind denn auch der Grund für die fehlenden Durchgangsstraßen. Auf hunderte Kilometer nur zwei. Eine von Puerto Barrios nach Guatemala City in Ost-West-Richtung und parallel zum Rio Dulce, ungefähr 25 km südlich davon. Eine andere als Nord-Süd-Verbindung über die mit 30 Metern höchste Brücke Meso-Amerikas an der Engstelle in Fronteras. Von hier aus beherrschten die Lanchas und Cayucos den See. Ein Cayuco ist der traditionell selbst geschnitzte Einbaum der Indigenas und gehörte, in gepaddelt wie auch zunehmend Außenborder betrieben, zum üblichen Wasser-Straßenbild des Rio Dulce. Mit Lancha wurden die, mit größerem Außenborder getriebenen, Motorboote als Wassertaxi, Privatfahrzeug oder Lasttransporter bezeichnet. Jennifer besaß natürlich auch eine Lancha, mit der uns Chico, ihr Guardian, nach Fronteras brachte, nachdem wir FINCHEN aufgeräumt und alle unsere Sachen darin verstaut hatten.

In Fronteras trifft sich alles. Obwohl nur ein paar tausend Einwohner zählend, ist die Vielfalt beachtlich. Neben Vertretern indigener Stämme und Ladinos leben auch US-Amis, Kanadier und Europäer, darunter hauptsächlich Österreicher, Schweizer und Deutsche, dauerhaft hier. Manche besitzen ein

Grundstück am Rio andere leben auf ihrem Boot, aber Fronteras ist doch der zentrale Punkt und darin Bruno's Hotel & Marina die reale Version von Rick's Cafe in Casablanca. Mitten im verschmutzten 3.Welt-Kaff, aber direkt am klaren Wasser, hat man von der Bar oder Restaurant dieser gepflegten Oase aus den Blick über das Treiben in der Bucht, den kleinen Pool oder der Marina. Viele Plätze sind ab früh morgens besetzt und wenn man abends kommt sitzen oft noch, oder schon wieder, die Selben da. Man kann mit dem Dingi anlegen und seine Einkäufe erledigen, aber an der Bar geht danach kaum einer vorbei. Im Ort selbst ist in einem Supermarkt, in Chici's „Tienda Reed" und in vielen kleinen Läden das allermeiste für den Bedarf eines Seglers zu erwerben. Neben der geografisch geschützten Lage vor Hurricanes damit d e r Seglertreffpunkt der Westkaribik.

Für uns aber diesmal nur Durchgangstation um auf den Bus für die 1000 km nach Cancun zuzusteigen. Ein drei-Tages-Trip über Flores am Lago Peten Itza, durch Belize nach Chetumal, Mexiko und dann Cancun. Die letzte Etappe im gewohnt angenehmen ADO-Bus mit Aircondition und TV. Welch ein Unterschied zum Start in Fronteras im Chicken-Bus.

Tage später, bei einem kühlen Bier in einer gepflegten Bar in Cancun sitzend, dachten wir noch vor unserem Rückflug nach Frankfurt bereits an die Busfahrt nach Fronteras im Herbst. Obwohl wir den Sommer in Deutschland noch vor uns hatten, schreckte uns schon die Vorstellung vor dem umgekehrten Weg. Die nächste Tour würde anders herum im Komfort beginnen, um dann im Entwicklungsstadium für uns zu Enden. Aber das wollten wir doch so, oder?

Es ist eben alles eine Preisfrage. Unser FINCHEN für sechs Monate abzustellen konnten wir uns nur bei Jennifer gönnen. Und der Charterflug von Frankfurt nach Cancun war natürlich auch günstiger als über die USA und bis nach Guatemala City. Wer ein ganzes Arbeitsleben dafür gespart hatte, konnte sich als Rentner ein Marina-Liegeplatz für seine gut ausgestattete Fahrtenyacht nebst besserer Fluganbindung leisten. So taten das die meisten in Fronteras, zumindest für ein paar Jahre. Danach blieben ihre Gattinnen bei ihrem Bridge Club zuhause, die Kapitäne über Nacht auf ihren Booten und zum Frühstück zu Bruno's. Ja, es ist eine Preisfrage. Diesen Preis möchten wir aber nicht zahlen.

Unser FINCHEN war üblicherweise das kleinste Boot, mit gelegentlichen 11 Knoten dafür auch eines der Schnellsten. Für warme Gefilde unter einem Deckzelt zum Wohnen gerade ausreichend, aber handlich genug für spontane Ausflüge. Und mit defektem Motor und ohne Wind erreichten wir auch schon mal eine Ankerstelle mittels Paddel. Wer aber so ungelenk geworden ist, dass er nur noch mit Mühe ins Dingi kommt, dem ist jede Yacht zu klein und unkomfortabel. Das ist dann der richtige Zeitpunkt das Boating, mit vielen schönen Erlebnissen und Erinnerungen daran, zu beenden. Für jeden Menschen ist irgendwann jeder Zeitpunkt verpasst sich Neuem zuzuwenden. Wohl dem, dessen Erinnerung dann aus Erlebnissen besteht und nicht aus unerfüllten Träumen. Das Gedächtnis ist das einzig Reale des Menschen, das Vorhaben nur eine Extrapolation daraus. Wobei seine vornehmste Aufgabe darin besteht, mittels geeigneter Vorhaben, das Gedächtnis wiederum zu bereichern, um sich im Ruhestand daran zu erfreuen und dessen Essenz evtl. weiterzureichen. Im Übrigen sind die einzigen, die sich auf einem endlichen Planeten beliebig vermehren und weitergeben lassen, die „Meme" genannten Wissensbausteine und nicht unsere Gene, denn davon gibt's schon genug.

Wie ziemlich überall in den Tropen liefen auch in Fronteras Hühner herum und entfernten sich nur wenig vom Platz an dem sie Futter bekamen. Natürlich wussten sie nichts von dem ihnen zugedachten Schicksal, so entspannt würden sie ihre Tage wohl kaum genießen. Ganz anders dazu die gackernden Urlauber in der Warteschlange vorm Condor-Schalter in Cancun. Das erinnerte schon mehr an eine Legebatterie mit ähnlich trüben Perspektiven. Die nervöse Einstimmung auf die Rückkehr in den Produktionsprozess trug der akzeptierten Unausweichlichkeit nicht Rechnung. Die sonst zur Schau gestellte Überheblichkeit durfte zwar für die kurze Fernreise mal eben Pause machen, im Gatter der Abflugsteige waren aber sofort wieder die alten Angeberstrategien gefragt. Der Rücksturz in die Zivilisation. Wer hatte vom edleren Tellerchen gegessen?

Wieso haben sie das nötig?

Absolut sinnvoll für den stolzierenden Hahn, der seinen Harem zusammenhalten muss. Aber wen wollen die scharrenden Touris hier im Pferch beeindrucken? Sie sind sich doch alle fremd und eine Hackordnung herzustellen lohnt sich auch nicht für die paar Minuten des flüchtigen Kontakts.

Wie entspannt warten z.B. Guatemalteken am Bankschalter, oder auf die verspätete Ankunft der Fähre aus Puerto Cortes, Honduras. Sie wissen, dass sie mit aufgeregtem Gezappel keine beschleunigte Abfertigung erreichen können. Sind sie so viel schlauer als Europäer?

Menschen sind Herdentiere: Man nehme einige menschliche Individuen, kaserniere sie zu Sesshaften einer Reihenhaussiedlung und erhalte eine Kolonie von folgsamen Prozessionsspinnern - willkommen in der Castingshow. Jede Abweichung vom gegenwärtig angesagten Normverhalten ist peinlich und ein Ausleben des Triebstaus außerhalb der virtuellen world of warcraft obszön. Da lobe ich mir die Zurückhaltung der Ladinos. Häufig zwar von der skurrilen Vielfalt westlichen Schöpfergeistes überfordert, weil sie zuweilen nach so profanem wie

„Nutzen" fragen, aber einer soliden, eigenen Kultur verhaftet. Im Unterschied zu den Nachkommen der ehemaligen Sklaven. Über Generationen hinweg von ihrer Kultur entwurzelt und bar jeglichen natürlichen Selbstwertgefühls leichte Opfer für Modeströmungen. So gibt es in Belize eine fast selbst leuchtende, grell neonfarbene Limonade, die etwas teuerer aber im Geschmack völlig durchschnittlich ist, und wird praktisch ausschließlich von Afroamerikanern gekauft. Denn es geht dabei nicht darum sich etwas Nettes zu gönnen, sondern um den für sie so wichtigen Eindruck bei zufälligen Passanten, es ginge ihnen gut. Aus dieser Rückkoppelung schöpft der Softdrink-Liebhaber in Wirklichkeit sein Selbstwertgefühl. Das würde ein Ladino kaum tun. Ihm ginge es nicht um die Beurteilung seiner Lebensumstände von außen betrachtet, sondern um sein tatsächliches Wohlbefinden. Klar, sollte einem die Wertschätzung seiner Mitmenschen nicht völlig wurscht sein, aber die Rangordnung darf nicht auf den Kopf gestellt werden. Dazu ist eine verinnerlichte Kultur hilfreich.

Die Verschleppung und Versklavung der Afrikaner durch die Christen ist sicher das schlimmste Verbrechen der Menschheitsgeschichte und deren immer noch ausgeübte Kulturhoheit über die westliche Welt ist nicht eben Ausdruck einer angemessenen Bescheidenheit im Gedenken an die Gräuel. Nach Jahrhunderten der katholischen Kollaboration wechselten diese allerdings in Lateinamerika die Seiten, aber wohl nur, weil die weltlichen Machthaber ihrer nicht mehr bedurften. Nicht zu vergessen, dass sie früher zu weit mehr als nur deren Steigbügelhalter fungierten, denn die grundsätzliche Voraussetzung zur Entstehung einer Massengesellschaft überhaupt, ist die Erfindung der Religion. Ein Dorfvorsteher kann noch wegen seiner allseits akzeptierten Begabungen dieses Amt begleiten, ein Beherrscher eines Reiches muss sich schon auf die Kunde einer Gunst höherer Wesen berufen können. Diese waren es doch immer, welche die meisten Ängste und Unterwürfigkeit verursachten und ein Vermittler ihres Willens war entweder selbst der ideale Anführer, oder ein solcher wurde von den Götterbotschaftern eingesetzt, und war damit das erste Outsourcing von Gewährleistungsrisiken.

In Guatemala sahen sich die neuen Machthaber nach dem Bürgerkrieg international in der Klemme, wegen der, von der katholischen Kirche neuerdings angeprangerten, Unterdrückung der indigenen Völker. Als elaborierter Schachzug erwies es sich nordamerikanische, evangelische Sekten zur Mission einzuladen. Diese Verkündeten den Mayas eine noch bedingungsärmere Zuneigung des ach so gütigen Gottes als die Katholiken, rüttelten aber nicht an den Befugnissen der Staatslenker. Wie in allen Urreligionen waren auch die früheren Gottheiten der Mayas eher Angst einflössend oder sogar die personifizierte Boshaftigkeit. Daher nicht wirklich ein Wunder, dass die Indigenas nun in Scharen konvertierten. Die Kultur der Kelten musste dagegen noch mittels römischer Glaubensklonkrieger vernichtet werden. Die Ketchi um den Rio Dulce erlebten ihre Missionierung denn auch vergleichsweise soft, die Auswirkungen sind dennoch barbarisch. Vergewaltigung ist jetzt der neue Sport der männlichen Jugend. Bei einem solchen Vergehen war früher das Abtrennen des Genitals und des Kopfes des Aggressors übliche Konsequenz. Heute darf man ja nicht mehr töten, außer in heiligen Kriegen. Die Hemmschwelle eines potentiellen Täters ist zudem schon durch die indoktrinierte, perverse Ansicht herabgesetzt, dass das Opfer ja mit der demütigen Erduldung einer solchen Gewalthandlung einer christlichen Pflicht selbst nachzukommen habe und schon fast dankbar sein müsse, dass man ihr damit gütigste Gelegenheit gebe ihre gottgefällige Ergebenheit zu beweisen. Ein allein erziehendes

Opfer eines solchen befleckend gezeugten Resultates mehrfacher Vergewaltigungen - von Sohn nebst Vater einer Nachbarfamilie - bestreitet jetzt ihren Lebensunterhalt als Dienstmädchen in der Bar einer Marina, immer den heranwachsenden Spaltpilz für die ganze Dorfgemeinschaft vor Augen.

Quelle von Reichtum und Macht aller Religionen ist das Generieren immer neuer Gläubiger. Klar, dass die Reproduktion, Sexualität und strickte Quotenregelung bezüglich Lebenspartnerschaften ihre zentralen Anliegen sind. Das Wohl der Einzelnen ist da natürlich nachrangig. Wie viel größer war die Nächstenliebe doch in der vorchristlichen Zeit und wie viel kleiner die Kollateralschäden.

Pünktlich landeten wir wie jedes Jahr vor Gabrielas Geburtstagsjubiläum Ende März in Frankfurt. Eigentlich zu früh für Tropengewächse wie wir, hieß es doch in unseren Gartenbüchern, dass die Vegetationsperiode in Deutschland 5 Monate (Weinbaugebiete 6 Monate) betrüge. Also jeweils zwei Monate Frühling, Sommer und Herbst – gefolgt von sechs Monaten Winter, die Zeit in der man eben Winterreifen braucht: Von Oktober bis Ostern. Meinen Geburtstag Ende November konnten wir entspannt nach einer angenehmen Akklimatisierungszeit in der Wärme feiern, als nette Wiedergutmachung zu meiner Jugend. Gabriela aber beschwerte sich nicht ganz zu Recht über einen für sie nachteiligen Tausch. Ihr Geburtstag am Anfang April kennzeichnete nun den Beginn unseres persönlichen „Winters", und damit nicht die einzige direkte Umkehrung der Verhältnisse. Arbeiten in Deutschland ging gar nicht mehr. Die Sesselfurzerjobs waren alle fest besetzt und die Produktion fand entweder durch KUKA-Roboter, oder ausgelagert in Fernost, statt. Um sich auf die neuen Bedingungen einzustellen wird die Gesellschaft wenn überhaupt noch lange

Zeit benötigen und währenddessen eine Blase nach der anderen im Euroraum platzen – ausgenommen die Arroganzblase. Das Eintreten meiner Voraussagen konnte mich auch nicht froh stimmen, und die um sich greifende Resignation war zudem eher abschreckend. Waren wir unfreiwillig zum Pionier einer Auswanderungswelle geworden? Gleich zu Anfang in Guatemala wurden uns, wegen unserer „Jugend" im Vergleich zu den Ami-Rentnern, arbeiten an ihren Booten offeriert. Wir hielten uns etwas zurück, schließlich wollten wir weder Manfred aus Österreich noch Markus aus Deutschland Konkurrenz machen, die zwar einen ausgezeichneten Ruf genossen, deren Auftragsbücher aber übervoll waren. Zwischenzeitlich konnten wir uns aber schon vorstellen unseren Lebensunterhalt auf diese Weise zu bestreiten, was denn auch so geschah.

Die nächsten vier Jahre folgten diesem Rhythmus von Ostern bis Oktober in der fremd gewordenen Herkunftsregion, bei zahlreichen privaten Arbeitseinsätzen, und unserer erwählten Heimat in der Umgebung des Rio Dulce von Oktober bis Ostern.

Zur Erneuerung unserer Aufenthaltsgenehmigung für FINCHEN mussten wir jedes Jahr einmal das Land verlassen, was wir mit ausgedehnten Reisen durch die Inselwelt von Belize gerne taten. Voll bepackt mit preiswerten Lebensmitteln und Benzin für unseren, mit neuer Generator-Wicklung reparierten, Außenborder konnten uns die dortigen Preise nicht schrecken und erlebten aufregende Segeltouren durch ein wunderschönes Korallenmeer mit einsamen Inselchen und verträumten Atollen.

Honduras mieden wir aus gutem Grund: Mehrere Raubüberfälle auf durchreisende Yachten und der heimtückische Mord an unserem Bekannten Milan. Seine Eltern wanderten mit ihm noch als Kind in den 50gern von Berlin nach Kanada aus. Dort wurde er auch mechanical engineer und wollte nun mit seiner Tochter zum Auftakt seines Rentnerdaseins nach

Panama segeln. Er sprach noch fliesend deutsch und ich genoss seine Bekanntschaft sehr. Die Beiden kamen aber nur bis zu einer Bucht an der Nordküste von Honduras und wurden dort von einem kleinen Motorboot am Ankerplatz unter dem Vorwand ein Werkzeug zu benötigen kontaktiert. Dann schoss einer der Piraten ohne Vorwarnung auf Milan, aber seiner Tochter gelang es den Motor zu starten und mit dem verblutenden Vater zu flüchten. Ein Frachter konnte seine Tochter nach 18 Std. unverletzt, aber den Vater nur noch tot, abbergen und über Belize nach Hause überstellen.

In der nächsten Saison lernten wir auch Stefan und Heike auf ihrem Alu-Katamaran BAJU kennen. Sie waren schon die ganze Sturmsaison im Rio Dulce, als wir Ende Oktober dort ankamen. Wir ankerten neben ihnen in der Texan-Bay und sie zeigten uns ihr ungewöhnliches Segelboot. Ihre Antriebswelle mit Rumpfdurchlass oberhalb der Wasserlinie hatte es mir besonders angetan. Diese konnten sie bei bedarf absenken und hielten alles zu Reparaturen zugänglich ohne aus dem Wasser zu müssen. Ein unschätzbarer Vorteil und mit den aufholbaren Steckschwertern und weiterer durchdachter Lösungen ein ausgereiftes Boot für eine Weltumsegelung. Doch so weit sollten sie leider nicht kommen. Ich hielt ihn anfänglich für etwas unbekümmert, weil sie einmal einer Verabredung mit einem israelischen Pärchen zum Abendessen unabgemeldet fern blieben, was einige Sorge breitete. Und zum zweiten berichtete er mir, dass sich ein aufdringlicher Guide auf einer Wanderung zum siete altares genannten Naturkaskade nicht abschütteln ließ. Ich klärte ihn darüber auf, dass diese Guardien vom Staat bezahlt und zu ihrem Schutz abgestellt seien, weil sich die Überfälle auf Touristen häuften. Daran hatte er nicht gedacht und berichtete allerdings später, dass er froh sei sich aus dieser unsicheren Ecke verabschieden zu können. Sie kreuzten noch mit Freunden in

Belize, segelten dann nach Panama um dort seinen 40sten Geburtstag zu feiern und anschließend in den Südpazifik aufzubrechen. Vorher kaufte er am Rio aber noch eine Pistole und verstaute sie an Bord um die eigene Sicherheit zu erhöhen!? In der Südsee wurde Stefan aber dann von einem sehr kräftigen und bewaffneten Local getötet und dagegen konnte er nun wirklich nichts ausrichten.

Das Schicksal, das ihn ereilen sollte, war auch für die gesamte RIO-DULCE-COMMUNITY nicht vorhersehbar, aber das Gewalt-Thema war bei Chici's Tienda Reed seit längerem allgegenwärtig. Offensichtlich überall in der Welt, wo es die Segler hinzieht, wachsen die Gefahren die von Mitmenschen ausgehen über ein erträgliches Maß hinaus an. Den Herausforderungen durch die Natur konnten wir mit immer besserer Technik und Wettervorhersagen begegnen, die Versorgungs- und Vorratshaltung wurde komfortabler, aber neuerdings erwächst eine Gefahr die nicht einzuschätzen ist. Früher schreckte es mögliche Piraten ab, dass viele Segler bewaffnet waren, heute ist ihnen das von den Gastlandesgesetzen her meist untersagt. Zumindest für mich war daher als verantwortlicher Skipper klar, dass ich nicht gegen Landesgesetze verstoße – wenn mir diese nicht passen, wechsle ich lieber das Land.

Mit dem deutlichen Abebben des Touristenstroms nach der Finanzkrise, dem damit verbundenen Anstieg der Diebstähle und den jüngsten Überfällen auf Segler, beschlossen wir uns nach einem anderen Heimathafen umzusehen. Außerdem wollten wir auch die unsichere und beschwerliche Anreise zum Rio vermeiden. Die Jüngste variierten wir insofern, dass wir in einer 42-stündigen Gewalttour von Frankfurt über Santo Domingo, Dom.Rep., dann nach Panama City, mit Copa Airlines weiter nach Guatemala City und nur die letzten 300 km per Bus nach Fronteras, reisten. Das war aber leider auch keine

Verbesserung gegenüber der strapaziösen Bustour nach dem Direktflug von Cancun aus. Mit diesen Erfahrungen einigten wir uns darauf das Risiko der Tropenstürme über Sommer in Mexiko einzugehen und FINCHEN in der Nähe von Chetumal abzustellen. Dort befindet sich eine herrliche Süßwasserlagune mit dem entspannt langweiligen Städtchen Bacalar. Kann insgesamt nicht viel bieten, wenn man von dem nächtelangen und kilometerweit dröhnenden Musikterror mal absieht. Das bebaute Westufer sollte man aber ohnehin, wegen der Fäkalien – Sickergruben unter den chicen Ferienhäusern, besser meiden. Aber als Segler ist man ja flexibel. Um allerdings dahin zu gelangen ist es nötig den Mast zu legen, ein Aufwand der sich aber zu lohnen scheint, auch weil FINCHEN beliebig lange in Mexiko bleiben darf. Gleich zu Anfang unseres ersten Aufenthalts hatten wir sie auf 10 Jahre temporär importiert, was wir sogar nochmals verlängern können.

Nach einem 2-monatigen Törn durch Belize kamen wir Ende Februar in Chetumal an. Hier empfing uns seit langem einmal wieder ein herrlich komfortables Bootsleben. Saubere Supermärkte mit sympathischen Preisen, eine Auswahl die einen Schnösel zufrieden stellen konnte und eine kultivierte Freundlichkeit von Menschen, die keine Schusswaffen zur Meisterung ihres Lebenskampfes nutzten. Also, in der zivilisierten Welt angekommen und nur einen kurzen, bequemen Bustrip von Cancun entfernt. Wenn wir es denn endlich bis in der Laguna Bacalar geschafft haben, wünschen wir uns mittels eines Duzend Betoneimer eine Mooring einzurichten und FINCHEN, bei an Land abgelegtem Mast, etwas mehr zum Hausboot umzurüsten. Zunächst liegt sie aber noch am Steg der Villa Manati in Chetumal und benötigt über die Kanäle zur Laguna erst einmal eine zusätzliche Schlepphilfe, weil unser 5 PS Suzuki wohl doch etwas zu schwach dafür ist.

Ganz sicher werden wir aber in Zukunft auch wieder durch Belize nach Guatemala segeln. Der Regenwald, mit den Bananen stehlenden Oppossum als nächtliche Besucher an Bord, hat es uns dort einfach angetan. Obwohl es auch in Mexiko eine wunderschöne Pflanzen- und Tierwelt gibt, und sonst eine Menge Vorzüge als echte Heimat bietet, wird es uns sicher wieder hinausziehen. Dabei weist der Trend deutlich zum Zweitboot. Diesmal ein trailerbarer Trimaran. Nicht größer als unbedingt nötig, aber so schnell wie irgend möglich. Außerdem ist so ein handliches Boot sehr einfach an Land zu bewegen und abzustellen, ein immenser Vorteil in Hurrikan gefährdeten Gebieten. Seit fünf Jahren der Erste in unserer neuen Gegend hieß Ernesto und sein Auge zog am 8.August 2012 nur 30 km nördlich an FINCHEN vorbei. „No damages", so die erleichternde mail aus Chetumal und wir hoffen, dass es bis zu unserem Rückflug im Oktober auch so bleibt.

Nachtrag.

Im März 2014, und auch mal wieder in Deutschland, blicken wir nunmehr auf zwei weitere Winter zu je 5 Monaten auf FINCHEN in der Laguna „Ballermann", wie wir sie zwischenzeitlich nennen, zurück. Dabei stellen Gabriela und ich fest, dass selbst unser solide gewachsener Erfahrungsschatz aus volljährigen 18 Jahren Herumtreibens kein absoluter Schutz gegen so manche Fehlentscheidungen ist.

Mit einiger Mühe erreichten wir aus eigener Kraft die liebliche Süßwasserlagune und dachten uns wohl behütet und entspannten uns in der Annahme eines zeitlich weit ausgedehnten easy livings. Doch weit gefehlt. Der Phalanx der Waterfront-Immobilieneigentümer aus den USA waren wir sofort ein Dorn im Auge, trübten wir doch ihre Aussicht auf den See. Ihre exquisite Location sollte gerade wegen der Schnäppchenpreise, trotz unmittelbarer Nähe zu Belize, nicht den Makel der Zweitklassigkeit, als „Belize für Arme", erhalten. Ein Image, das es vor allem gegenüber den zahlungswilligen Übernachtungsgästen unbedingt zu verteidigen galt. Ein dauerhaft bewohntes Hausboot, über die gesamte Hauptsaison, mit flatternden Handtüchern auf der Wäscheleine und in idealer Ankerwassertiefe nahe vor ihren Badestegen, war für sie der wahre Alptraum. Wir wechselten zwar oft die Ankerstellen, allein schon wegen der nächtlichen open air Technodiscos, aber gelegentlich mussten wir ja auch mal an Land. Das war in Bacalar nur über drei öffentliche, schmale Badestellen möglich. Somit hielten wir uns meist direkt davor auf, was nach Rücksprache mit den officals auch völlig O.K. war. Nicht aber für die netten Nachbarn. Allesamt zwar selbst Ausländer - und damit eigentlich besser etwas zurückhaltender im Ton und mit dem nötigen Respekt vor den Gesetzen des Gastlandes – konstruierten sie aber aus der Lage ihrer Grundstücke direkt am öffentlichen Ufersteifen einen exklusiven Besitzanspruch gleich an den ganzen See. Wir sollten also verschwinden. Als wir dem nicht nachkamen, versuchten sie es erfolglos mit übler Nachrede. Ein Lehrstück für das Selbstverständnis dieser „Weltpolizisten".

Aber auch manche locals bereiteten uns Ungemach. An ihrem Ankerplatz vor dem Haus eines Freundes, während der sieben Sommermonate unserer Abwesenheit, lädierten sie unsere hilflose FINCHEN schlimm durch mutwillige Beschädigungen und den Folgen zweier Einbrüche. Nicht nur, dass ihr Gebrauchswert und ihre äußere Erscheinung stark darunter litten, sondern dass eindringendes Wasser auch alle Wohntextilien und Betten vermodern ließen. Die gestohlenen Gegenstände machten insgesamt den geringsten Schaden aus. Uns kam so manche Träne.

Die Aussicht auf weitere Winter an diesem Ort war also gleich aus mehreren Gründen wenig attraktiv. Weiter nach Norden, entlang der stark erschlossenen mexikanischen Küste zu ziehen, schied deswegen aus, da sich dort die Umstände für uns nicht verbessern würden. Auch der Rückweg über Belize nach Guatemala oder Honduras war abgeschnitten: Belize windet sich im Staatsbankrott und bei den jetzt häufigen Einbrüchen wird immer mehr berichtet, dass sogar die Kühl- und Gefrierschränke geplündert werden. Wir empfinden Mitleid mit den Dieben, nicht aber mit den wirklichen Gaunern, die im Übrigen meist leicht an den Uniformen zu erkennen sind.

San Pedro Sula in Honduras führt 2013 die traurige Liste als gefährlichster Ort der Welt an. Nirgends geschehen mehr Tötungsdelikte pro Einwohner, und mir ist ja schon Fisch aus der Nähe um Fukushima ein zu großes Risiko.

Nach langen Überlegungen über unsere Sackgasse und nur kurzer Suche fanden wir in einem Sachsen, der in Mexiko mit seinem Soft-Sozialismus eine neue Heimat gefunden hat, den geeigneten künftigen Eigner für unsere FINCHEN. Er lebt ganzjährig an der Lagune und wir veräußerten sie in seine kundigen Hände. Er baut edle Kajaks aus Holz und lebt von deren Verleih und als Tourguide. Er wird FINCHEN in ihrem künftigen Heimatrevier zu neuem Glanz und Spitzenposition als schnellste Segelyacht verhelfen. Außerdem wird er unsere persönlichen Sachen bis zu unserer Rückkehr aufbewahren. Für FINCHEN und für uns die beste Lösung, denn auf unserem weiteren Weg können wir sie nicht mitnehmen. Dieser wird Gabriela und mich im nächsten Winter auf dem Landweg von Bacalar nach Costa Rica und Panama führen. Die Bocas del Toro im Nordosten Panamas haben dabei unser besonderes Interesse geweckt. Ein selbstgebautes Hausboot in dieser Inselwelt ist der Plan für die nächsten 10 Jahre. En detail: Alte Ölfässer kosten dort unter 5 US§. 16 Stück davon brauche ich für unser 45 Quadratmeter Floss mit gedämmtem Tonnendach aus Blech und Schilf über einem Bambusfachwerk mit Mattenwänden. Huckleberry Finn lässt Grüßen. Unser Leben als Tramp ist der längste Abschnitt insgesamt und angesichts meines schon fortgeschrittenen Alters wird es langsam Zeit doch an Sesshaftigkeit zu denken. Das war uns ja bereits zu Anfang unseres Weges klar und sind froh darüber, dass sich unsere Annahme bewahrheitet hat, das Rüstzeug für ein eigenbestimmtes Leben auf dem Wege selbst zu erwerben. An diesem Punkt fühlen wir beide uns enorm bereichert und belohnt. Auf ein Neues.

Ein Resümee.

Ein allgemeiner SINN DES LEBENS hätte nicht nur für alle jetzt Lebenden, sondern sogar bis zu den Urmenschen zurück, unveränderlichen Bestand haben müssen. Eben das widerspricht, mit den daraus abgeleiteten, immerwährenden Zielen für ein erfülltes Dasein aller, klar meiner Wahrnehmung einer individuellen Existenz. Dieser Erkenntnis genüge ich am besten dadurch, dass ich meinem Leben einen von mir selbst bestimmten Inhalt gebe. Damit erlebe ich gleichermaßen in Bewusstsein und Empfindung tiefe Zufriedenheit und bin auch gelegentlich mal sehr glücklich.

Anhang.

Religi*no*

In dem Folgenden kurz gefassten Artikel schlage ich eine schlüssige Erklärung zur Entstehung der Religionen vor. Die Ergebnisse der Einzelschritte zuvor:

Eine Religion ist Grundvoraussetzung und wichtigstes Instrument zur Ausbildung einer Herrscherebene in den ersten Großgemeinschaften.

Die zahlenmäßige Hürde zur Massengesellschaft ist nur mit einer Religion zu nehmen.

Die Bildung einer Religion ist in der Entwicklungsgeschichte des Menschen zunächst zwangsläufig und wird mit seinen zunehmenden kognitiven Kompetenzen obsolet.

Die Entwicklungsstufen sind hier vorab zur Begriffsabgrenzung und in umgekehrter Reihenfolge der Argumentation angeführt:
- Unter einer Massengesellschaft verstehe ich eine anonyme Großgruppe in der ein Herrscher, oder eine geordnete Gruppe von Herrschenden, dem einzelnen Glied der Gesellschaft weitestgehend unbekannt ist. Die Herrschaft verfügt über Machtmittel sich der Treue seiner Untergebenen zu versichern.
- Der Anführer einer Gruppe muss, im Gegensatz zu einem Herrscher, seinen Führungsanspruch dauernd erneuern und ist auf die freiwillige Akzeptanz desselben aus seinem Gefolge angewiesen. Die Begründung für seinen Anspruch ist allgemein bekannt, sieht sich aber einem dauernden Wettstreit ausgesetzt.

- Eine arbeitsteilige Gesellschaft kann sich zum Vorteil aller entwickeln, wenn überlegene Fähigkeiten/Fertigkeiten Einzelner von den Gliedern akzeptiert werden. Mit zahlenmäßiger Größe der Gruppe wächst hierbei die Bedeutung einer normativen Kommunikation.

- Das Bewusstsein verarbeitet Sinneseindrücke, führt konkrete und formale Operationen aus und veranlasst Handlungen. Zu all diesen Zwecken kann es aus einem unbewussten Bereich mit zusätzlichen Informationen versorgt werden, deren Entstehung nicht unmittelbar nachvollziehbar ist, aber dem beginnenden Denkprozess evident ist.

- Ein nicht bewusster Bereich des Denkens verwaltet einen Erkenntnis-/Erfahrungsschatz unklaren Umfangs und Herkunft und übergibt spontan oder vorgefiltert Datensätze an das Bewusstsein weiter.

- Die Fähigkeit eines Unterbewusstseins zum Wiedererkennen gefährlicher Objekte und Situationen, und geeignet darauf hin zu reagieren, ist ein Selektionsvorteil. Ein sich entwickelndes Bewusstsein überwacht diesen Automatismus, nutzt ihn als Informationsquelle, ersetzt ihn aber schon aus Gründen der Spontaneität nicht.

Die qualitative Erfassung von Naturerscheinungen war für unsere frühen Vorfahren überlebenswichtig. Die Unterscheidung von Pflanzen, beispielsweise, hinsichtlich ihrer grundsätzlichen Genießbarkeit, ist zunächst wichtiger als die genaue Kenntnis darüber welches Alkaloid, speziell und in welcher Konzentration, darin zum Gift werden kann.

Diese frühe Art des Lernens lässt einen stetig wachsenden Erfahrungsschatz an isolierten Einzelerkenntnissen entstehen, der in einem unbewussten Bereich abgelegt ist. Zugänglich werden diese Informationen dem Bewusstsein nach einer Vorauslese durch noch unbekannte Algorithmen, die ich hier Intuition nenne.

Die Intuition lässt den Menschen auch verborgene Gefahren erkennen und kann bereits geeignete Reaktionen einleiten. Sie bildet oder ordnet aber keine Wissensinhalte neu, sondern prüft und vergleicht nur die vorhandenen und souffliert dem Bewusstsein. Jedes bewusste Denken ist zunächst vornehmlich eine Gedächtnisleistung und die dazu nötigen Operanten sind im Unbewussten abgelegt. Die spontane Intuition wird vom Bewusstsein zwar grundsätzlich begrüßt, aber im Laufe der Entwicklung zunehmend kritisch registriert und dann erst nach einer Interpretation zugelassen. Das anfänglich direkt kausale Handlungsprinzip wird durch eine flexibilisierende Komponente nach und nach erweitert. Das lineare Denken versucht dabei Strukturen und Zusammenhänge im Zustrom der Informationen von außen, wie auch aus der Intuition heraus, zu erkennen. Zum Beispiel bemüht sich der bewusste Verstand in einer rein zufallgenerierten Zahlenmenge stets ein Bildungsgesetz zu finden. Ein Ordnungssinn der zur quantitativen Naturerkenntnis grundsätzlich notwendig scheint. Die Fähigkeit zur formalen Operation, als bisher höchste Form des Denkens, verhält sich dabei zur konkreten Operation vergleichsweise wie die quantitative Naturbeschreibung zur Qualitativen und hat sich parallel dazu entwickelt. Bewusst verarbeiteter Input findet diese Formalismen, die alle bis dahin angenommenen Ordnungsprinzipien aus unbewussten Analogie- und Symmetriebetrachtungen stark erweitert. Die Intuition ermöglicht zwar spontane Denk- und vor allem Handlungsansätze aus einem großen, aber wenig strukturiertem Gedächtnis heraus, liefert aber kaum elegante Strategien im Umgang mit den komplexen Zusammenhängen der Natur und ihrer Gesetze.

Angenommen, ein Frühmensch fürchtete sich vor Blitz und Donner und sein Instinkt trieb ihn zur wilden Flucht an. Unbewusste Vergleiche mit Erfahrungswerten werden ihm dann vermutlich geraten haben: Er möge sich einfach unterstellen. Der Urenkel des Frühmenschen erschrak zwar auch noch beim Blitz, der folgende Donner kam dann nicht mehr so unerwartet für das erwachende Bewusstsein. Dieses nahm den Rat der Intuition sicher gerne an und grübelte noch lange im Unterstand über der Frage, wer denn wohl letztlich hinter Blitz und dem, offensichtlich damit im Zusammenhang stehenden, Donner stecken möge?

Die innere Stimme jedes Menschen hatte sich dabei wohl die gleich lautende Frage - gerade wegen des arttypischen Ordnungssinns – gestellt, und werden sie Mangels überzeugender Antworten durch wiederum ähnlich gestrickte Annahmen zu erklären versucht haben: Gibt es eine allgemeine Schöpfungsmacht für alles Unerklärliche?

Dieselbe Frage stellte sich dem Medizinmann seiner Zeit ebenfalls und er wird im Unterschied zu seinen übrigen Gemeindemitgliedern nicht ganz unerwartet seinen eigenen Nutzen, als Götterbote, aus diesem nahe liegenden Erklärungsversuch, gezogen haben. Und ist die einträgliche „Familientradition" vom Medizinmann, über den Geistheiler zum Geistlichen nicht konsequent?

Mit Anwachsen der Wissensmenge aus Resultaten abgespeicherter Beobachtungen wird diese zunehmend nach Ordnungsbegriffen strukturiert. Im rein inneren Monolog von Vorbewußtsein zu Bewusstsein, der Intuition, könnten diese Strukturbegriffe individuell beliebig gewählt sein. Für einen bewusst geführten Dialog mit den Gruppenmitgliedern ist aber notwendig, dass die Ergebnisse der Strukturierung begrifflich für alle assoziativ besetzt werden. Die

Engstelle in diesem Prozess ist die Kommunikation selbst und wird im Evolutionsdruck erweitert.

Der Informationsaustausch der Frühmenschen hatte sicher vor allem die Warnung vor Unheil zum Inhalt, zu deren Beschreibung Modelle in Glyphen und gesprochener Symbolik genutzt wurden. Im Zuge der Spezialisierung in der arbeitsteiligen Gruppe bildete sich neben den handwerklichen Tätigkeiten, der Jagd und des Fischfangs, des Ackerbaus, der Kriegsführung besonders auch die Heilkunde mit einem früh entstandenen Schamanentum aus. Die Heilkunde verbirgt ein direkt erkennbares Kausal-Prinzip im Unterschied zu den anderen Fakultäten und ist noch stärker auf modellhafte Umschreibungen angewiesen. Augenscheinlich ist ein schöpferisches Prinzip im Biberbau, Vogelnest oder einem Termitenhügel sichtbar, der Bauvorgang ist in seinen Zwischenstufen, und die Erbauer bei ihrer Tätigkeit zu beobachten. Etwas anders verhält es sich bei der Herkunft von Bäumen, Vögeln oder Termiten selbst. Eine kleine Extrapolation beendet aufkommende Grübeleien bevor sie zu viel Vorstellungskraft binden. Es erscheint doch nahe liegend, dass alle Immobilien einen Erbauer, alles Lebendige Eltern und der ganze Planet beides in einem hat.

Eine andere Modellvorstellung, als eine schöpferische Elternfigur war unseren Vorfahren vielleicht sogar individuell vorstellbar, aber weder in Bildern noch in Beschreibungen weiter vermittelbar. Die Medizinmänner formulierten ihre Deutungen der Naturerscheinungen in Tropen und Gleichnissen, die der Vorstellungswelt der jeweiligen Gruppe spezifisch war. Damit unterschieden sich auch die Darstellungen der „Höheren Mächte" je nach den besonderen Eigenschaften der Umgebung. Übereinstimmung herrschte aber in einem: Die erwünschte Unterstützung der höheren Mächte in der Bewältigung oder Abwehr von Gefahren und zu Wegweisungen für eine günstige Zukunft.

Die Anführer von Familienclans und Dörfern verfügten über besondere, für die Gruppe wichtige, Fähigkeiten/Fertigkeiten. Der versierteste Schmied oder der erfolgreichste Jäger wird mehrheitlich akzeptiert. Dazu muss aber seine herausragende Befähigung allseits bekannt, oder nach einer Herausforderung als überlegen hervorgegangen sein. Damit ist die zahlenmäßige Größe der Gruppe auf die begrenzt, in der ein Anführer allen persönlich bekannt und niemand aus der Gruppe besser geeignet scheint. Nie würde eine anonyme Menschenmasse geschlossen einem Anführer folgen, der sich nur über das Hörensagen hervorheben soll, er sei ein überaus geschickter Handwerker oder der mutigste aller Krieger. Dies müsste erst einmal in einem nicht enden wollenden Wettstreit Klärung finden, und dennoch bliebe er nur ein Mensch und könnte auch nicht vor Blitz und Donner schützen. Ein Mensch aber, der mit den Schicksal bestimmenden Mächten in Verbindung steht, oder von dem auch nur die Kunde von einer solchen vorauseilt, ist ohne Zweifel zur Leitfigur in einer Gesellschaft beliebigen Umfangs bestimmt. Mehr noch, zum Herrscher, denn diesem Menschen ist der Auftrag zur Disziplinierung seines Gefolges von höherer Stelle bereits erteilt.

Mitglieder derselben Gruppe leben in weitgehend identischen Erfahrungswelten, bilden ähnliche Ordnungsbegriffe und können daher auch leicht allgemein verständliche Modellvorstellungen entwickeln. Die als Spezialisten der Gruppe mit der Deutung der Naturerscheinungen betrauten Medizinmänner sehen sich darin allein autorisiert diese Modelle hierarchisch zu ordnen und nebenbei ihre eigene Stellung in der neu entstandenen Rangordnung festzulegen. Mit Vater- oder Elternbegriffen in der Beschreibung der inneren Mächte der Natur ist, bei konsequenter Anwendung dieses Modells, eine beliebig große Gemeinschaft als eine einzige Familie zu vermitteln. Mit einer solchen verbreiteten Überzeugung lassen sich auch denk- und handlungsweisende Hormonausschüttungen, wie zum Beispiel die Opferbereitschaft, die ursprünglich nur dem engsten Familienkreis vorbehalten war, in eine staatsumfassende Gefühlswallung pervertieren. So ein Gemeinwesen kann über alle Grenzen wachsen und benötigt dazu nur einen einzelnen Herrscher.

Eine Aufspaltung der Herrschaft in Moderatoren der höheren Mächte einerseits, und weltlicher Herrscher andererseits, erhöht allerdings noch die Glaubwürdigkeit nach außen durch die gegenseitige Bestätigung. Des Weiteren trägt ein von Medizinmännern favorisierter, und damit quasi eingesetzter, Herrscher das Risiko des Misserfolges allein.

Die Intuition verfügt über eine Vielzahl von zweifelsfreien Einzelerkenntnissen, für das Bewusstsein leider zunächst ohne erkennbare Zusammenhänge. Bei der intensiven Suche danach werden bereits bekannte extrapoliert und finden ihren Niederschlag in der Vorstellung einer schöpferischen Vaterfigur. Diese benötigt im Zusammenwirken mit seiner menschlichen Glaubensfamilie allerdings noch eine Entstehungslegende, die sich ebenfalls an bekannten, offensichtlichen Vorgängen orientiert und ganz irdische Verhältnisse in den Olymp spiegelt. Zu einer Religion ist jetzt nur noch ein, die Gemeinschaft tragendes, Regelwerk nötig. Das kann von wenigen Grundgeboten ausgehen, die je nach Bedarf neu interpretiert werden, bis zu mehrbändigen Vorschriftensammlungen mit Schiedssprüchen des Propheten, reichen.

Eine derart gleichgeschaltete Gesellschaft, mit einer Rechtsprechung, einer Vorstellung des Weltmechanismus und dem Selbstverständnis einer einzigen Familie, wird schlagkräftig wie ein Ameisenheer aus fanatischen Klonkriegern, was sie in evolutionärer Auslese jeder religionsfreien Gemeinschaft allein schon durch ihre schiere Zahl überlegen macht.

Ohne regulierende Mechanismen erscheint allerdings ein verheerendes Finale, vergleichbar dem Massenauftreten von Lemmingen oder Wanderheuschrecken, wahrscheinlich. Ein tragisches Schicksal dann nicht nur für unsere Spezies, sondern für die Vielfalt allgemein. Die Konkurrenz der Religionsgemeinschaften untereinander fordert ungebremste Verbreitung und Vermehrung und steht damit im Widerspruch zur Begrenzung im abgeschlossenen System Erde. Als Begründer und in Urform jeder Herrschaftsstruktur stehen die Religionsfunktionäre sicher einer Alternativen zulassenden und Hierarchie abbauenden Entwicklung ablehnend gegenüber. Eine Relativierung ihres Herrschaftsanspruchs auf einen über Vernunft sanktionierten, beispielsweise, birgt die Preisgabe des absoluten Anspruches mit der Gefahr des Vakuums in der dann verwaisten höchsten denkbaren Machtebene. Eine schwächelnde oder gar ausgediente Religion wurde daher immer nur von einer besser angepassten ersetzt. Ein oppositioneller, jüdischer Prediger verkündete denn auch, dass der universelle Erklärungs-Joker jene besonders lieb habe, die ihr Elend demütig erdulden. Eine Hoffnung spendende Prophezeiung, die dem verarmten Bürger eines glorreichen römischen Imperiums seinen Hunger vergessen machen sollte. Nichts konnte die beststehenden Machtverhältnisse letztlich mehr festigen, als gefügige Untertanen, die ihr Schicksal als höhere Prüfung verstanden und auf eine spätere Belohnung zu vertröst waren.

Die Religionen des Altertums zeichneten sich durch bedingungslosen Gehorsam ihrer Gläubigen zum Staat und ihrer Repräsentanten, gepaart mit dem unbedingten Willen zur Verbesserung der Lebensumstände aller, aus. Daraus resultierte eine

Aggressivität nach außen, die allein in die Lage versetzte neue Gebiete und andere Menschengruppen zu unterwerfen. Die darauf folgende, christliche Religion gewährt einen inneren Zusammenhalt und Stabilität, weil sie einerseits auch auf Gehorsam, aber andererseits auf tolerante Erduldung sozialer und ökonomischer Ungleichheit setzt; ja sogar ihr Lebensgefühl daraus schöpft. Diese weichere Grundeinstellung hätte im erbarmungslosen Konkurrenzkampf der frühen Kulturen keinen Bestand haben können und wäre mit ihren Gläubigen untergegangen. Erst in einem gefestigten, mächtigen Reich können die christlichen Ideale den inneren Verteilungskampf im Volk abmildern und für Stabilität auch in entlegenen, unterprivilegierten Staatsgebieten sorgen. Für die weitere Expansion setzt sie denn auch eher auf die Mission und Assimilation als auf die Bildung einer zusätzlichen, tieferen Ebene der Unterdrückung in den okkupierten Ländereien.

Die christliche Religion war in ihren Anfängen darauf angewiesen eine bereits etablierte zu ersetzen, indem sie auf alle Beteiligten attraktiver als die bestehende wirkte. Auch das war zwangsläufig der Fall, denn eine vorangegangene Religion bedurfte des Geistes einer brutalen Unerbittlichkeit um das Ziel eines mächtigen Staates zu erreichen. An diesem Ziel angelangt, war sicher nicht nur der Kriegsherr, der Grausamkeiten im Felde und seiner drohenden Fortsetzung nach innen, müde. Die Verheißung eines gütigen Gottes, der dazu das Erreichte zu festigen versprach, erschien nach den ertragenen Entbehrungen sicherlich allen wie das Paradies.

Eine Religion, die zwingend darauf angewiesen ist, dass ihr Boden durch eine vorangegangene - die zudem mit völlig anderen geistigen Inhalten versehen war - vorbereitet wurde, kann nicht von einem Allmächtigen initiiert sein. Noch weniger, wenn auch die vorausgegangene sich als eine allzu menschliche Fehldeutung erwies, die nur einen vorübergehenden, evolutionären Vorteil an zahlenmäßiger Übermacht erzeugte. Solche Fehlentwicklungen haben in der Geschichte bereits öfter, mit katastrophalen Auswirkungen auf die Vielfalt im globalen Ökosystem, stattgefunden. Die frühe Einsicht, ein Umdenken im wahrsten Sinne, könnte einen friedlichen Neubeginn möglich machen, bevor der kollektive Wahn im Abgrund endet. Die reale Existenz von Selbstmord-Attentätern - der erste Volkssturm im letzten Verteilungskampf – sollte schon allein genügen den Zweifel an der Sinnhaftigkeit einer dadurch erzwungenen Gesellschaftsordnung zu wecken.

Aber, wer misstraut schon den so vertraut klingenden Deutungsversuchen seiner inneren Stimme? Das ist eben der Trick, mit dem sich alles erreichen lässt!

Der innere Dialog des Ordnung suchenden Bewusstseins mit dem, die Intuition erzeugenden, Gedächtnisses, ist die sich selbst erschaffende Basis für jede Religion. Einmal etabliert birgt sie allein die Grundlage zur unbegrenzten Macht, wenn ihre Postulate nicht entlarvt werden. Meine Ausführung ist natürlich kein Beweis, in ihrer Schlusskraft dem der Religionen aber bereits überlegen. Den selbst bestimmenden Menschengruppen allein obliegt das Urteil über ein Fehl- oder Wohlverhalten ihres Mitgliedes und nicht den religiösen Dogmen unredlicher Despoten über die Vernunft.